中日民商法研究

（第二十卷）

渠涛 · 主编

中国法制出版社

CHINA LEGAL PUBLISHING HOUSE

《中日民商法研究》
编委会

《中日民商法研究》创办缘起

中国近代之继受外国法,始于 20 世纪初。1902 年光绪皇帝下诏:参酌外国法律,改订律例。设修订法律馆主持法典起草。1906 年,修订法律大臣沈家本,派侍郎董康等赴日本考察裁判、监狱等制度,邀请著名民法学者梅谦次郎到中国讲学并协助起草民法典。梅谦次郎因故不能应邀,推荐东京控诉院判事松冈义正。同时应邀来华的日本学者有帝国大学刑法教授冈田朝太郎、司法省事务官小河滋次郎、帝国大学商法教授志田钾太郎。松冈义正于是年来华,就任京师法律学堂民法教习。1908 年,开始编纂民法典,采德国民法之五编制体例,由松冈义正起草总则编、物权编和债编,由修订法律馆编纂、日本中央大学法学士高种等三人起草亲属编和继承编。可见中国近现代民商法和民商法学,得日本民商法和民商法学之助益甚多。改革开放以来的民商事立法,如 1999 年的合同法,参考日本立法、学说之处亦复不少。目前进行中的民法典编纂,尤应着重吸取日本民法百余年间累积之宝贵经验。于是联络学界同人,设立纯粹民间性质之中日民商法学术研究会,旨在推进中日民商立法学说判例之比较研究,增进中日两国民商法学者间的学术交流,为研究成果之及时刊发流布,并创办《中日民商法研究》系列论文集。

梁慧星
2002 年 11 月 25 日

开　卷　语

第20卷的内容是2022年在北京设主会场通过线上举办的第19届研究大会呈现的研究成果和研究会活动20周年纪念会上各方致辞和贺信贺词以及纪念讲演。

自2019年第18届大会之后,本计划在2020年秋季,借《中华人民共和国民法典》颁布的东风,在日本举办第19届大会和纪念研究会活动20周年庆典活动。然而,因为疫情肆虐,不仅2020年未能实现此计划,直到2022年春季,才不得已举办了这次线上会议。这次会议的成功举办,首先要感谢中日双方专家学者和法律实务工作者的积极参与,感谢特别行政法人日本国际交流基金会,以及金赛波律师(北京市金诚同达律师事务所合伙人)个人对大会和纪念会提供的赞助! 还要特别感谢不仅对这两次会议,更是长期以来为研究会的举办提供赞助的北京市中伦律师事务所和北京市金杜律师事务所! 此外还要对为本届大会提供服务的各位一并表示衷心感谢! 他们是,为大会提供同声传译和交替传译的专家学者;为大会提供周到服务的北工大建国饭店餐饮部和工程部的各位领导和员工;感谢为大会提供远程技术支持和主会场各项服务的浙江大学本科生吴同(现为北京大学硕士研究生)和清华大学法学院的魏冉、刘灿两位博士研究生。

研究会坚持活动20年不容易,尤其是能在疫情肆虐前连续18年每年举办一次(有一年两次)研讨会,出版一本论文集。研究会有这样的成绩,首先要感谢中日两国的专家学者以及实务工作者的积极参与。尤其是日方的专家学者和实务工作者,每年参会的国际交通费都是由参会者自行负担,可见各位对中日民商法交流的热情之高,情感之深。

其次,要特别感谢来自各方面的赞助,特别感谢:特别行政法人日本国际交流基金会的多次赞助;北京市中伦律师事务所和北京市金杜律师事务所以及日本司法书士会连合会多年以来的持续赞助;金赛波律师在研究会最困难的时候和重要节点的赞助。

纪念大会,有幸收到了来自各方的贺词贺信。惠赐贺词的是:中日友好协会常务副会长、中国前驻日大使程永华先生和现任日本驻华大使垂秀夫先生;惠赐贺信的有:北京大学法学院、清华大学法学院、中国人民大学法学院、中国政法大学民商经济法学院、对外经济贸易大学法学院等,"北京大学出版社"在此一并表示衷心感谢!

纪念会上,常年担任会长的梁慧星先生在致辞中给研究会作出的定位是:"中日民商法研究会就好比一座架设在中日两国民商法学界、中日两国人民和中日两个国家、两个民族之间的一座桥梁!这是一座和平之桥!友谊之桥!学术之桥!"程永华先生对研究会的评价和期望是:"中日民商法研究会成立二十年来,坚持每年聚焦民商法领域最新热点问题设置议题深入交流,已经成为两国专家学者凝聚智慧、钻研学问、增进友谊的重要平台,为推动两国民商法研究和实践、建立健全中日民商法相关制度、促进两国人民的福祉作出了宝贵贡献。我期待中日民商法研究会百尺竿头,更进一步,继续在民商法研究上贡献新成果,为中日法学法务的经验交流、经贸合作提供重要智力支持。"垂秀夫先生对研究会的评价和期望是:"中日民商法研究会自2002年成立以来,为日中民事法领域交流做出了巨大贡献……祝愿中日民商法研究会蓬勃发展……日中关系更上一层楼。"

这些祝贺、评价、期望无不情真意切,给研究会今后的发展以鼓励和鞭策。内田贵教授在纪念讲演中指出:"在日中两国的大立法时代告一段落,也是本研究会迎来二十周年之际,对于下一个十年,我想借用星野先生曾引用的《贞观政要》之中的话,今日比'守成'更重要的,可能是揭开'新的创业'的序幕。"依我个人的理解:内田先生提出的"新的创业的开始"应该就是研究会要以新的思维形式展开活动,可谓一语中的。自中日邦交正常化以来,在两国官方和民间常常会听到"两国之间有两千多年友好交流的历史"这种表述。程永华先生在贺词中谈到,在古代，日本学习中国，近代以来中国学习日本，由此促进了两国各自的发展。然而，这种"学习"和"交流"在不同的历史阶段所表现出来的往往是一种"直流"而非在同一时代站在同等水平和位阶上的真正的"交流"。但是，在中日民商法研究会开始活动的20年来，我们看到的虽然只是民商法律领域的一个侧面，而事实上真正的"交流"已经悄然展开……在研究会的前十年间，中国学者展现的研究成果多以"立法论"见长，而日本学者则是多以"解释论"见长，尽管讨论问题时也有互动，但咬合度并不高，而且在"立法论"上，多显现出中国学者向日本学者请教的态势。但是，在后十年中，因为日本提出了民法典大修改计划，遂对中国的"立法论"产生了浓厚的兴趣，而且在日本民法债权法的修改过程中还看到了对中国合同法的参考痕迹。这些现象的出现，更多的是仰仗中国综合国力的提高，但在理论研究方面，中日民商法研究会这个交流平台无疑起到了重要的作用。

回忆过往，展望未来，为了中日民商法研究会这个可造福于两国人民的交流平台能够一如既往地持续发展壮大，我们要以新的思维面对未来的十年，努力做好各项组织和服务工作。

最后，需要说明的是，第一，《中日民商法研究》纸质版至今已经出版20卷。鉴于社会整体的发展形势，研究会决定今后不再出版纸质论文集。至于今后以何种形式将研究会的成果奉献给世人，正在推敲中。诚请20年来支持中日民商法研究会的中日以及韩国学者一如既往地参与和支持研究会活动，并在百忙之中惠赐高水平的研究成果。第二，在今天出版第20卷的节点上，渠涛今后不再担任《中日民商法研究》主编。今后，论文集的主编工作将由新任本研究会秘书长的章程和龙俊两位负责。

编者于2023年六月吉日

于通州书斋敬上

目　录

纪念讲演

中日民商法研究会二十年回顾及展望　　近江幸治　章　程　3
《民法典》颁行的五大意义　　　　　　　　　　谢鸿飞　5

名家介绍

"二战"后的法学家
　　——星野英一　　　　　　　　　　大村敦志　高庆凯　15

民法解释论

中国民法典中的概念用词及其意义
　　——"过错"与"过失"的区别及责任承担
　　的形式　　　　　　　　　　道垣内弘人　张　挺　27
基本原则与概括条款的区分:中国诚实信用与公序
　　良俗的解释论构造　　　　　　　　　　　于　飞　38
《民法典》中恢复原状的解释论展开　　姚　辉　张宏帅　45
民法典上动产担保权优先顺位规则体系初论　　高圣平　53
所有权保留买卖的体系性反思
　　——担保构成、所有权构成及合同构成的纠葛与梳理　周江洪　60
中国民法典中的债权人代位权制度改革　　　　　龙　俊　68
效率减损视角下的不履约风险救济　　　　　　陈韵希　75

浅论中国《民法典》导入的离婚冷静期制度　　　　宇田川　幸　则　84

商　法

判例中发现的表决权代理行使与书面投票
　　的问题点　　　　　　　　　　　　　　田泽元章　段　磊　103
论保理合同的债权让与对抗要件
　　——《民法典》第768条的解释论　　　朱晓喆　冯洁语　111
我国股份质押制度存在的问题及其解决路径
　　——以与日本法的相关制度比较为视角　　　　王作全　119
隐名合伙
　　——出资合同的一般法化　　　　　　　得津晶　夏静宜　126

知识产权

论知识产权法上的定限权法定主义　　　　　　　　　　解　豆　143

附　录

中日民商法研究会第十九届(2022年)大会　　　　　　　　　153

中日民商法研究(第二十卷)

纪念讲演

中日民商法研究会二十年回顾及展望

近江幸治[*] 章 程

中日民商法研究会在 2002 年 6 月 1 日于中国广州市的中山大学举办第一次会议后发足,距今恰好是 20 周年。研究会的一大特征即是,每一年都会在中国各省市及大学开展活动,而这能坚持"20 年"之久,其背后离不开各级政府和各大学的全面支持。其中梁慧星先生与渠涛教授为研究会付出了极大的心血,我由衷地感谢二位的尽心尽力。另外,我也想对为组织这次会议付出巨大努力的各高校师生表达诚挚的谢意。

1920 年以后,中国民法在一国两制政策下,受到"市场经济"的强劲推力,制定了一部又一部民事交易的单行法。1986 年的《民法通则》、1995 年的《担保法》、1999 年的《合同法》、2002 年的《农村土地承包法》、2007 年的《物权法》及《动产抵押登记办法》、2009 年的《侵权责任法》,以及 2017 年的《民法总则》,最终在 2020 年,颁布了作为统一法典的《民法典》。

事实上,对于以上诸特别法,从它们的起草到制定,中日民商法研究会都进行了详细的研究,并形成了热烈的讨论。其中令人印象深刻

---

* 早稻田大学名誉教授、法学博士。

的是，中国有多位年轻学者从为市场经济服务的法律制度的视角出发，进行了中日比较研究，并产出了有锐见的研究报告。紧接着这些报告与讨论，日本的学者也意识到了理解中国立法工作的重要性。在这个意义上，中日民商法研究会迄今为止的活动具有重要的学术意义，值得高度评价。另外，通过本研究会，中日两国的学术交流更加活跃，学者之间也建立起了信任与友谊。

现在，21 世纪已走过了五分之一。与到 20 世纪为止的古典"市场经济"不同，在 21 世纪，交易形态发生了变化，信息技术也有革新，致使贸易者之间存在着"贫富差距"与"数字鸿沟"。"自由平等的交易"这一市场经济的理念现面临着危机。然而各国从 21 世纪初起，就不断地修正民法典这一市场交易的基本法，使其始终能应对新的社会形势。这一状况也在中国《民法典》的若干条款中有所体现。随着未来经济交易形式的日益复杂化和贸易市场的全球化，作为最早明确保护公民权利立场的中国民法典的意义是巨大的，进而它对日本法律的影响也是巨大的。

我期待以上提及的点在今后研究会的讨论中能够得到积极的讨论。

最后，我对梁慧星先生领导的中日民商法研究会过去所开展的活动表示敬意，并祝愿研究会能够发展得更好。同时，我也对所有有强烈求知欲的年轻学生们抱有着极大的期待。

《民法典》颁行的五大意义

谢鸿飞[*]

目　　次

一、引言
二、《民法典》颁行的政治意义
三、《民法典》颁行的经济意义
四、《民法典》颁行的社会意义
五、《民法典》颁行的文化意义
六、《民法典》颁行的生态意义
七、结语

一、引言

2020 年 5 月 28 日,十三届全国人大三次会议表决通过了《中华人民共和国民法典》(以下简称《民法典》),并于 2021 年 1 月 1 日起生效。它的颁行是新时代我国社会主义法治建设的重大成果,是中国法制史上的一件大事,也是世界法典化进程中浓墨重彩的部分。中国在互联

---

*　作者:中国社会科学院法学研究所民法室主任、私法研究中心主任、研究员。

网时代颁行《民法典》，在政治、经济、社会、文化和生态保护方面有不同于他国民法典的特殊意义。

二、《民法典》颁行的政治意义

《民法典》有助于推动我国国家治理能力和政治文明水平的提升。这主要体现在三个领域。

（一）立法领域

《民法典》将《民法通则》《物权法》《合同法》等单行法律整合为一个有机法律体，结束了"领域立法"的割据状态，不仅使《民法典》真正成为社会的基本法，而且使我国社会主义法律体系更为严谨。《民法典》的颁行还将进一步完善我国社会主义法律体系。这主要体现为它通过大量的"依照法律规定"的表述，为民事领域特别法的制定预留了空间。

（二）行政领域

《民法典》严格限制公权力介入社会领域，尤其是市场领域、家庭领域和私人生活领域。通过明确民事权利类型、效力及厘定其行使边界，《民法典》完成了其最重要的宗旨——"保护民事主体的合法权益"（第1条）。《民法典》本身也有一些限制公权力滥用的规定，如其将征收条款置于总则编，同时在物权编中明确规定了征收和征用的条件，这就更表明了立法者通过《民法典》保障私权利并遏制公权力滥用的决心。此外，《民法典》还进一步强调了国家对弱势群体的人权保障义务。

（三）司法领域

《民法典》通过体系化技术将民事单行法整合为总分相宜、前后一致的整体，将有效地促进个案的司法公正，其原因在于：一是通过"体系效应"，强化法律规范对法官的约束力，从而最大限度地实现同案同判和类案类判。《民法典》不仅统一了法官的裁判依据，而且其强大的体系效应进一步保证了裁判公正。二是强化当事人对司法公正的监督。立法者尽可能使《民法典》通俗易懂，最大限度地体现了立法的民主化，这也使当事人能更准确地理解法律规范，从而有效地监督裁判结果是否公正。

三、《民法典》颁行的经济意义

十八届四中全会通过的《中共中央关于全面推进依法治国若干重大问题的决定》也是从民法典与市场经济的关系角度，提出了"加强市场法律制度建设，编纂民法典"的要求。《民法典》的编纂为我国市场经济法律规则的完善和改进提供了绝佳的机会，其经济意义主要体现在以下三方面。

第一，确立了平等竞争的基础，焕发经济活力。《民法典》确立了民事主体财产权平等原则，即所有民事主体享有的民事权利在法律上地位平等。值得注意的是，《民法典》第 207 条在《物权法》第 4 条关于所有权一体保护的基础上，明确了国家、集体、私人的物权和其他权利人的物权受法律平等保护，为市场主体的平等竞争提供了法律保障。《民法典》在维护宪法规定的社会主义基本经济制度的同时，促进公有制与市场经济有机结合，其路径是将公有制下的资源要素通过市场竞争进行配置。

第二，为市场经济的纵深发展提供更全面的法律保障。《民法典》广泛借鉴域外有益的交易和规则，为市场交易提供了更有效、更合理的制度和规则。在制度方面，它为动产抵押和权利质押的统一登记预留了空间。《物权法》和其他法律对动产抵押和权利质押规定了不同的登记部门，《民法典》删除了这些规定，改用"登记机关"表述，为未来我国实现动产担保统一登记制度奠定了法律基础。在规则方面，《民法典》引入了比较法上固有的、行之有效的规则，顺应了经济全球化的发展趋势，回应了市场经济高效有序发展的需求。如在担保领域，《民法典》扩大了担保财产的范围，规定海域使用权和土地经营权可以抵押，将来的应收账款可以质押，这就拓展了融资渠道，尤其有助于中小企业和农民获得融资。

第三，为产业的规范发展提供了法律准绳。所有产业的经营和交易都必然涉及《民法典》。在现行法的基础上，立法者通过大量的调研，还回应了一些新产业的规范需求，尽可能为新产业预留发展空间，尤其是为我国如火如荼的互联网产业提供了健康发展的法律指引。《民法典》一方面承认数据、网络虚拟财产是一种受法律保护的财产,另一方面强化了对个人信息的保护,规范企业和个人"处理"个人信息的各过程(包括收集、使用、加工、传输、买卖、提供和公开等),为这些过程设定了统一的规则,以确保个人信息的安全。

《民法典》合同编还为新兴产业提供了规范,最为典型的是,它规定了保理合同。此外,《民法典》甚至还可能催生新兴产业。如物权编规定了对他人的住宅享有占有、使用的居住权,这种权利多为无偿设立,但第368条也许可其有偿设立,这就为对居住权的商业开发、"租售同权"甚至分时度假等交易模式提供了民事基本法的依据。《民法典》同样重视农村市场经济的发展,尤其是农村土地权利制度。《民法典》作为民事基本法,对"三权分置"作了基本的法律安排,如土地经营权的取得方式、权能和流转方式,无疑可促进农村稳定、农业发展和增加农民收入。

四、《民法典》颁行的社会意义

民法是社会生活的百科全书,已成为各界共识。《民法典》颁行对社会的意义主要体现在如下两方面。

(一)《民法典》提供了家庭成员之间的基本交往规则

家庭生活是民法典调整的最为重要的领域之一,家庭生活是以亲情和爱情为纽带,以情感性付出为交往基础。家庭与市场经济的动力机制和运行逻辑截然不同,因而《民法典》为家庭成员提供最基本的交往规则殊有必要。

《民法典》第一次全面界定了家庭成员,将家庭成员界定为配偶、父母、子女和其他共同生活的近亲属,这种法律界定扩大了家庭成员的范围,厘定了家庭成员的身份,明确了成员相互之间的权利义务关系。《民法典》涉及亲属的权利义务规范众多。在夫妻关系方面,它规定夫妻有相互扶养的义务;在父母子女关系方面,规定父母有教育、保护未成年子女的权利和义务,成年子女应赡养缺乏劳动能力或者生活困难的父母。

(二)《民法典》为社会成员提供了最基本的交往规则

《民法典》设计的社会交往规则,以两个平等、自由的理性人为基本社会关系模型。对社会交往规则的调整,《民法典》充分考量了主体在不同场景中的利益状态,并按照风险与收益对应、权利义务一致等原则配置当事人的权利和义务,尽可能贴近民众的生活经验和朴素的正义感。比较典型的例子是对同一合同类型为有偿和无偿时的不同权利义务配置。此外,《民法典》的权利义务配置规范还充分考虑了社会道德因素。如赠与人在赠与财产的权利转移之前可以撤销赠与,但具有道德义务性质的赠与则不能撤销(第 658 条)。在实际生活中,民事主体的社会和经济地位等方面并不平等,《民法典》也尽力矫正过分的不平等的关系,强调契约正义和分配正义。如第 680 条明确禁止高利放贷行为;第 1114 条规定,收养人在被收养人成年以前,原则上不得解除收养关系,以保障未成年人的利益。

《民法典》对社会生活的调整,强调了历史、现实和未来三重时间维度的统一。首先,它尊重习惯,将习惯作为法律之外的一种补充性法源;其次,它回应了我国社会中亟须法律调整的一些新社会现象和社会问题,如小区物业管理问题、高空抛物问题等;最后,它回应了互联网时代因科技发展带来的时代问题,如大数据的权属问题等。

五、《民法典》颁行的文化意义

我国《民法典》的编纂启动之际,立法者就明确主张,民法典应大力弘扬民族精神。《民法典》的诸多规则体现了对各民族固有文化的尊重,同时将中华优秀传统文化和社会主义核心价值观熔于一炉,对人类共同文化精华保持开放态度。《民法典》颁行的文化意义体现在国内和国际两个层面。

(一)国内层面

1.《民法典》对社会的文化意义

《民法典》对社会的文化意义,或可概括为以私法自治为主线,构建枝叶相持的和谐社会。《民法典》的诸多制度和规则都试图消除人与人之间的丛林对抗,促进社会成员之间的合作和共生。如无因管理制度被视为人类互助的伟大法律典范。它的出发点阻却干涉他人事务的违法性,使管理人不仅不承担损害赔偿责任,还可以对受助人享有一定的债权。即使管理事务不符合受益人的真实意思,只要受益人的真实意思违反法律或者违背公序良俗,管理人也可以主张成立无因管理(第979条第2款)。这样就精准地协调了私人自治和干预他人之间的冲突。

2.《民法典》对家庭的文化意义

在家庭领域,《民法典》全面贯彻和落实社会主义核心价值观,以男女平等和人权保障为出发点,以保护家庭凝聚力为核心,对稳定家庭具有重要指引价值。《民法典》第1043条规定,家庭应当树立优良家风,弘扬家庭美德,重视家庭文明建设。《民法典》对家风的规范,一方面强调传统文化的精髓,如孝为德之本,另一方面又引入了现代家庭理念。

3.《民法典》对个人的文化意义

《民法典》对个人的文化意义主要体现为培育现代公民,助推其实现美好生活,概括而言,具体蕴含了三种文化观念:一是权利文化。《民法典》赋予了自然人更丰富的权利类型,包括人身权和财产权,涵盖生存权和发展权。二是契约文化。在民法中,契约是民事活动和民事交往最基本的方式,恪守自己订立的契约,既是对他人权利的尊重,也是对自己主体性的尊重。三是和合文化。《民法典》的众多规范提倡民事主体之间的合作,如合同规则重视合同主体合作的法定义务等。

(二)国际层面

1986年颁布的《民法通则》曾引发了世界广泛关注,被国外学者评价为中国历史上"最系统和最有活力"的法律。34年后颁行的《民法典》无疑增强了我国的文化软实力,向国际展示了一个尊重私权、关爱弱者、追求正义、呵护环境的大国形象。

六、《民法典》颁行的生态意义

《民法典》第9条明确将保护生态环境作为一项基本原则,回应了生态环境保护的时代问题,落实了宪法对生态文明保护的要求。《民法典》在分则各编增加了诸多生态保护的条款。其中最为重要的是对《侵权责任法》的革新:一是将环境污染分为环境污染和生态破坏责任两部分,前者侵害的是私人利益,后者则涉及公共利益。二是规定了侵权人故意污染环境、破坏生态造成严重后果的,应承担相应的惩罚性赔偿。三是规定了破坏生态环境的修复责任。

此外,《民法典》的其他分编也强化了对生态的保护。如合同编将生态保护作为合同当事人的法定义务(第 509 条),同时在买卖合同、供用电合同、运输合同等有名合同中规定了当事人的生态保护义务。分则编的这些规定落实了生态保护原则的要求,将在各个领域起到遏制生态恶化的作用。

七、结　语

自 1949 年新中国成立至今,我国先后启动了五次民法典编纂的立法工程。71 年后,新中国终于有了自己的民法典,其成功的根本原因是国家对"良法善治"的强力推动,其大背景是全面推动依法治国,提升国家的治理能力。因此,民法典编纂是治国安邦的基础法治工程。《民法典》编纂的全部意义,最终可归结为落实社会主义核心价值观。即培育爱国、敬业、诚信、友善的现代公民,建构自由、平等、公正、和谐的美好社会,实现富强、民主、文明、法治的强大国家。

中日民商法研究（第二十卷）

名家介绍

"二战"后的法学家
——星野英一

大村敦志*　　高庆凯**

目　次

一、引言
二、概观
三、法律解释学的重建——德国法学退潮之后
四、现实法学的构想——马克思主义法学兴盛之后
五、总结

一、引言

2011 年 10 月,中日民商法研究会 10 周年之际,星野英一曾从日本发来贺词。翌年 2012 年 9 月去世,到今年整 10 年。接下来要说的是星野英一这位民法学者确立"战后法学家"身份的过程。希望能对中国正致力于构建民法学的诸位,特别是对日本法感兴趣的年轻诸位有所参

---

*　作者:学习院大学教授。
**　译者:上海师范大学副教授。

考。另外,因为出现很多人名,所以在文末附上一览表。

二、概观

(一)星野英一简介

首先,介绍一下星野英一的履历和主要业绩。星野生于 1926 年,2012 年辞世,享年 86 岁。1945 年上大学,因肺结核休学数年,1951 年毕业,成为大学院特别研究生,1954 年成为副教授,1964 年成为教授。其间,1956 年至 1958 年留学法国。1987 年从东大荣退,之后在千叶大学、放送大学任教。概述书、教科书有《借地借家法》(1969 年)、《民法概论 I~Ⅳ》(1970—1978 年),论文集有《民法论集第一卷~第十卷》(1970—2015 年),编著《民法讲座(7 卷+别卷 2 册)》(1983—1991 年)、《民法典百选 I~Ⅳ》(1998 年)之外,面向初学者和一般读者的有《民法劝学》(1998 年)、《民法的另一个学习方法》(2002 年/2006 年)、《法学入门》(2010 年)等。

其次,就研究的内容来说,在星野曾是会员的日本学士院网页上,星野的后辈兼论争对手平井宜雄这样写道(α~γ 为大村添加):"星野英一氏:α)加深了立法过程的研究,实证地论证了日本民法典受到法国民法典许多影响,推翻了此前认为该法典是德国法系的观念。β)在契约法领域,特别是借地借家法和瑕疵担保法的研究中,大为提高了这些领域的理论水平。γ)其民法学上的方法论特征,其后被称为利益考量论,民法学界赞誉其有划时代意义。"

这个概括的特点是把重点放在早期星野的成果上,这说明早期星野特别受到学术界的关注。我接下来要谈的对象也是这些成果。

(二)战后一位法学者的出发(1965—1969 年)

今天的中心话题是星野 20 世纪 60 年代后半期的论文。具体来说,①《法国民法对日本民法典的影响》(1965 年),②《现代的合同》(1966 年),③《所谓"无权利能力社团"问题》(1967 年),④《民法解释论序说》(1968 年)这四篇论文(均收录于论集第一卷至第三卷)。另外,星野到 20 世纪 50 年代为止有租赁权的历史(特研生时代·1951—1954 年)、物权变动(留学时·1956—1958 年)等相关成果。其中也有耐人寻味之处,但硬要说的话应该算是习作,可以说作为战后法学家的星野通过①～④奠定了其基础。另外,平井的 α 考虑①,γ 考虑④。乍一看,β 可能与②相对应,但其实不然。②和③似乎都不在平井的评价范围之内。

我自己不仅限于①④,还想加上②③,将它们作为整体来把握。在此之际,一方面将星野的同辈民法学者,特别是广中俊雄和北川善太郎的研究,另一方面将强烈影响星野的法国法学先贤,特别是山本桂一的研究,均纳入视野。另外,作为法国法学家,野田良之的存在也很重要,我想在最后再谈野田。

三、法律解释学的重建——德国法学退潮之后

(一)探索基层——法国法的复兴

论文①是将日法法学会报告加以整理,发表在该学会杂志《日法法学》上的论文。正如平井所述,在此之前日本民法典一直被认为受到德国民法典的影响,其重新发现了法国民法典的影响,此后(实际上是不久),民法学界对法国法的研究开始兴盛起来。我将这种现象称为日本民法学中的"法国法的复兴"。

不过,不应该单独把握星野论文,而必须将与其几乎同时期的北川善太郎的《学说继受(1—8)》(首次出版,判例タイムズ,1966—1968年)一并纳入视野。星野力图剥开覆盖在表层的德国学说,正视位于基层的法国民法。与此相对,北川则通过批判"学说继受"的形式,反省德国法与日本法之间的联系。这些都是重新审视战前受到德国法影响的日本民法学,重新奠定民法解释学基础所必须做的工作。没有这些工作,就不可能有战后的日本民法学。

(二)透视功能——组合法人论

论文③可以定位于由民法总则出发,从不同角度展开论述民法学上的主要问题这一星野研究体系的起跑线上,发表在《法学协会杂志》[紧接该论文的是"关于时效的备忘(1—4)"(1969—1973年),但这一尝试在这里中断了]。星野的观点被称为组合法人论,将源自德国法的社团与组合严格区分论予以否定,主张组合中被承认具有法人格者是

法人。星野在推导这一主张时,简要论及英国和法国的法人历史,但重要的是,他一并从功能上探讨了成为法人的意义,并从法人财产的分离中寻求法人的功能。星野说:"所谓法人……是创设对法人本身的债权人的排他性责任财产的法律技术。"

星野意识到了先行研究山本桂一《序说法国企业法》(1964年)中收录的论文,星野对山本的研究评价认为离组合法人论还有一步之遥,"先生在指出这一点的跟前停止了"。然而,若换个角度来看,应该说星野大胆地忽略了法国法的发展脉络,树立了自己的观点——功能主义法人论。可以认为这里存在的是,有必要看清功能这一为了否定来自德国法学教条主义的"信念"。在此,明晰法国法的发展本身这一姿态是稀薄的,现在看来似乎有些操之过急(平井没有特别评价,或许也是因为这个)。总之,他的话语中透露出想要摈弃无用的(进一步说是有害的)本质论的心情。在其背后存在的设想是,战前的法学以外来教条(教义、理论)为基础,对国民采取了压制的立场。与星野同辈的法哲学家矢崎光圀称此为"以权威主义为中心的法律万能主义"。

回头看星野的利益考量法学,一个特色是不拘泥于形式化的法律论,着眼于法律解释带来的结果,但在这里也可以看出,其根深蒂固存在的意识是试图使法、法学为国民(用星野的表达来说是"外行")所用。

四、现实法学的构想——马克思主义法学兴盛之后

(一)思想溯源——欧洲合同思想史

论文①和③是连接具体法律解释的论文,其受众是法学者。与此相对,日本特色的所谓讲座目的而写就的论文②,则包含着异质的内容。论文②投稿给《岩波讲座现代法8现代法与市民》。由星野的同事兼学长加藤一郎主编的这一卷,从整体上可以说与《同7现代法与经济》相对置。诸卷的主编是渡边洋三,整体上体现了浓厚的马克思主义法学立场。也就是说,论文②是面向普通市民的讲座,并且以对抗马克思主义法学的形式发表。

星野在论文②中所涉内容不止一个,但最具特点的是论及欧洲合同思想史。此时,星野想到的与其说是马克思主义法学本身的合同理

论,不如说是与之关系相近的广中俊雄的合同理论乃至合同法史。以《合同及其法律保护》(初出,1953—1954年)在学界出道的广中,其后,发表了《合同法的研究》(1964年)所收论文(特别是《契约及契约法的基础理论》,初出,1956年),对这里显示的经济中心的合同法史,星野有提倡不同看法的强烈心情。

平井在提及星野的合同法研究时,对②只字未述。平井有一篇题为《法律行为·前注》(1973年)的论文,其同样属于法律思想史(法律概念史)的研究,但他大概认为星野的思想史与具体问题没有充分结合起来。星野在这里也有些操之过急。

(二)质疑理论——文本、利益、目的

星野对广中的对抗心,在有关法律解释方法论的论文④中也有体现。④体现了星野的解释方法论,即从文理解释出发,经过利益考量,最后根据价值判断。这是在日本法哲学会的学会刊物《法哲学年报》上发表的,并不详细,但与同样主张利益考量论的加藤一郎不同,在不站在价值相对主义这一点上与广中相近。但是,广中倾向于以"近代法的存在方式"为基础的发展史(目的论)价值秩序,而星野则采取了一边排斥价值相对主义,一边逐渐发现价值秩序的立场。星野从这个观点出发,对历史的发展法则表明了强烈的质疑而展开对广中的批判,对此广中在《现代法解释学的一个备忘》中进行了反驳,星野则进一步反驳,以此形式展开了一场争论。

在此,星野也排斥以经济为中心的历史法则。星野所依据的不是文本(民法典或形成个别制度的条文群)之外的法则等,而是"文本"本身,是作为其使用结果的"利益"状况,是为了评价这种利益状况而在文本内部所采取的"目的"。星野对从法律体系之外带进来的超越性"理论"持怀疑态度。特别是不接受近代带有偏见的马克思主义及其变种的所谓"近代主义"(以研究政治思想史的丸山真男和研究西方经济史的大冢久雄为代表)。星野所依据的是具有更悠久历史的自然法的思考方式。众所周知,星野是天主教信徒,但他的自然法论未必是教会法的自然法论。星野所依据的所谓新自然法论,并不是假设固定不变的自然法,而是认为应有的规范变化且生成。对他来说,重要的是不把马克思主义视为绝对,同时也不陷入价值相对主义。

在看清终极价值的同时,在当下,利用"利益"这一尺度确认讨论的共通前提。这是星野的利益考量论。对于④,平井乍一看是好意地提及(但与α、β不同,用间接说话法谈及γ)。确实,平井自己也不排斥利益考量,但在从利益考量走向价值判断时对于星野所重视的沿革的和比较法的考察,平井称之为"社会学主义""直结主义"而予以反驳。

五、总结

(一)战后民法学繁荣的原因是什么

与星野同辈的民法学者久留都茂子(法哲学家尾高朝雄的女儿)回忆起自己在东大法学部研究室时的情景。据久留说,当时的研究室在籍的有"学长铃木禄弥、渡边洋三、唄孝一、广中俊雄诸位先生,同期有星野英一、安达三树生、三藤邦彦、学弟清水诚、西原道雄、川井健等名响铮铮的研究者"(除久留自己以外有10位)。20世纪80年代前半期我在法学部研究室时,这一时期有很多志向研究民法的人,比我高一级的有大冢直、吉田邦彦,同期的有道垣内弘人,比我小一级的有森田修、中田裕康、陈洸岳,再加上我,共有8人。战后的盛况超乎想象。

为什么当时有那么多年轻人奔赴民法学呢?无法确定。详细讨论留待将来,陈述若干推测。第一,新民法(昭和民法)的家族法(1947年)和与此相关的言说——川岛武宜的《日本社会的家族构成》(1948年)等——使人感受到新的社会到来,邀引年轻人投入民法研究(当时许多人欲致力研究家族法。除了久留自己之外,还有后来转向财产法的川井健、西原道雄,当初专攻德国法的五十岚清、关西的椿寿夫等)。第二,也有必要考虑到野田良之翻译的波塔利斯《民法典序论》(1947年)、哲学家森有正介绍法国思想的《现代法国思想的展望》(1951年)等对星野自身产生的影响。

(二)为什么没有放弃民法学

这里有一点需要注意。战后法学极其兴盛的,是法社会学和马克思主义法学,而不是狭义的民法学。川岛正是法社会学的领军人物,民法专业的年轻研究者中有不少人转向法社会学和马克思主义法学(前面提到的渡边洋三和潮见俊隆就是这样的例子。他们都成为东大社会科学研究所的教授,主导了马克思主义法学)。因战败实定法秩序崩溃后的战后第一代(以文学比喻的话,即第一次战后派),就这样走向了民法学之外。与此相对,星野等第二次战后派则试图停留在作为实定法学的民法学上。星野后来回忆说,这是一件苦差事。这种"苦"在某种意义上与现在的状况相通,关于这一点,我想在后面再提一次。

那么,星野为什么即便如此也没有放弃民法学呢? 关于这一点也有待将来探讨。如果也做些推测说明的话,第一点重要的是,诀别战前的德国,也不加入战后的苏联,这样的法学是他强烈希望展开的。换句话说,星野试图消除其恩师我妻荣留存的浓厚德国(概念法学)和苏联(马克思主义)的影响。前面列举的四篇论文很好地说明了这一点。可以举出的第二点是,星野接触的 20 世纪上半叶的法国法学,是继承了所谓科学学派传统的法学,是将邻接诸学的知识吸收到民法学中的法学(换言之,是将民法学朝向诸学开放的法学)。星野说福井勇二郎编译的《法兰西法学诸相》(1943 年)很有意思,该书收录的论文中存有这样的倾向。第三,有必要留意到的一点是,星野是天主教徒,并且粗糙地讲,是天主教左派(教会内改革派、反权威主义)。不过,关于这一点,现在暂不赘述。

(三)作为后卫的星野民法学

最后,我想谈谈星野民法学所发挥的作用及其地位。战后民法学(甚至20世纪民法学)的一大特征在于对社会问题的应对。或者可以说,它的目标是通过司法实现社会国家。就战后来说,首先是住宅问题,其次是交通事故和公害问题,成为大型社会问题。后续的是消费者问题。许多民法学者致力于这些问题的法律解决。星野也抱有同样的兴趣,在第一篇论文中就探讨了租赁法的历史,并执笔撰写了《借地借家法》(1969 年)。顺便提一下,同时代的加藤一郎对侵权行为法非常感兴趣,写就了《不法行为》(1957 年/1974 年)。

然而,星野主要感兴趣的是一些稍微离开具体问题的问题。那就是对解决个别问题的民法学本身存在方式的思考。中期的星野,作为制度理解的方针,追问"什么,为了什么,为什么会这样?"(对应于亚里士多德的四因——质料因、形式因、目的因、作用因),后期的星野,作为研究的方针,提出"更广泛,更深刻,从更远处"(广泛、深刻对应反德国,远处对应反苏联),这种关怀的存在方式可以说是通过今天介绍的初期四篇论文确立的。虽然星野的学风也被称为"基础法学性的",但从字面意义上来说,其目标是基本的(fondamental)。在星野主导下,1983年至1984年出版的《岩波讲座·基本法学》8卷本由"人""团体""财产""合同""责任""刑罚""企业""纷争"构成,通过这样的基本概念的应然方式来思考社会的应然方式,更新法与社会,这是星野的立场。也可以说,乍一看退却一步的姿态,在某种意义上是根源性的(radical)。

附:

1. 引用论文

①星野英一"日本民法典に与えたフランス民法の影響",载《日仏法学》(1965)

②同著"現代における契約",收录于《岩波講座現代法》(1966)

③同著"いわゆる'権利能力なき社団'について",载《法学協会雑誌》(1967)

④同著"民法解釈論序説",载《法哲学研究》(1968)

2. 参考论文

森田修"星野英一と'日本民法学史'",收录于《星野追悼·日本民法学の新たな時代》(有斐閣2015)

大村敦志"法学部五年制問題と星野英——星野英一研究資料(1)",载《法協》第133卷第10号(2016)

同上著"成年後見問題研究会と星野英——星野英一研究資料(2)",载《法協》第134卷第11号(2017)

同上著"アレティストとしての星野英一(1—3未完)——星野英一研究資料(3)",载《法協》第136卷第11号,第138卷第8号,第139卷第2号(2019—2022)

同上著"星野英一の中の民法学史—概説書の書き方をめぐって",收录于《中田古稀·民法学の承継と展開》(有斐閣2021)

　　同上著"星野英一の'人間・社会・法'など——その人間＝市民像と歴史観など",收录于《河上古稀》(信山社、近刊)

　　3. 人名表(按提及顺序)

　　平井宜雄(1937—2013)民法

　　广中俊雄(1926—2014)民法・法社会学

　　北川善太郎(1933—2013)民法

　　山本桂一(1919—1971)法国法

　　野田良之(1912—1985)法国法

　　矢崎光圀(1923—2004)法哲学

　　加藤一郎(1922—2008)民法

　　渡边洋三(1921—2006)民法・法社会学

　　丸山真男(1914—1996)日本政治思想史

　　大塚久雄(1907—1996)西方经济史

　　久留都茂子(1927—?)民法

　　尾高朝雄(1899—1956)法哲学

　　川岛武宜(1909—1992)民法

　　森　有正(1911—1976)哲学・法兰西思想

　　潮见俊隆(1922—1996)法社会学

　　我妻　荣(1897—1973)民法

　　福井勇二郎(1908—1948)法国法

中日民商法研究（第二十卷）

民法解释论

中国民法典中的概念用词及其意义
——"过错"与"过失"的区别及责任承担的形式

道垣内 弘人* 张 挺**

目 次

一、引言
二、"过错"与"过失"的区别
三、"承担责任"的各种表示形式
四、结语

一、引言

《中华人民共和国民法典》自 2021 年 1 月起施行,因其重要性,在

---

* 作者:专修大学教授。
** 译者:杭州师范大学沈钧儒法学院副教授。

日本已有许多翻译版本发表。① 我本人也在社会科学院渠涛教授推动的翻译工作中略尽薄力。本书也在 2022 年 3 月在日本出版了。②

翻译过程中,为了正确理解其概念,有必要确定其中某些概念与日本法的关系。在与日本法的概念意义相同时,使用相同的词语进行表述是较为适当的;相反,针对与日本法不同意义的概念,倘若使用与日本法相同的词语进行翻译便会造成误解。毋庸置疑,准确地完成这种研究是非常困难的,同时也存在着必然的极限,但仍有必要为之努力。

在此努力过程中,笔者也产生了许多烦恼。倘若它仅仅是因缺乏中文能力而生,则无须在这里谈及,那只能通过个人的学习来解决。然而,这并不只是言语和表述的问题,有时令人感到疑惑的是,这里是否关系到规则的实质性内容。由此,笔者想提出其中的两个与此相关的问题,谈一谈自己对它们的思考。一是"过错"与"过失"的区别;二是表述某人承担责任时,在条文中应该使用的用语。

需要说明的是,本人在下文中所论述的内容,从中国民法学来看,也许完全是无的放矢。又因为缺乏中文能力,也有可能仅是自说自话的分析。但是,从日语思维出发的日本民法学者的疑问,即便是偶然的可能,倘若对中国民法典的研究与法律实践中的适用可以尽到微薄之力,幸莫大焉!

二、"过错"与"过失"的区别

"过错"一词,据本人统计,在中国民法典中的 40 个条文中出现,共

---

① 本人检索到的文献如下:小田美佐子、朱晔译,载《立命馆法学》第 390 号、第 391 号;胡光辉译:《中华人民共和国民法典——2021 年 1 月施行——立法经纬·概要·邦訳》(日本加除出版);保西村朝日法律事务所中国プラクティスグループ编:《中国民法典と企业法务——日本企业への影响と変わる取引手法(中国民法典与企业法务——对日本企业的影响和需要变化的交易手法)》(ぎょうせい);白出博之编:《ICDNEWS》第 85 ~88 号;日本国际贸易促进协会编,射手矢好雄、石本茂彦编、森·滨田松本法律事务所译:《中国经济六法 2021 年增補版》;中国综合研究所编集委员会编:《现行中华人民共和国六法第 1 卷》(ぎょうせい);另有,曾我法律事务所 HP 上发表了部分译文。

② 渠涛訳、道垣内弘人·田泽元章·宇田川幸则监修、大村敦志编辑协力《中华人民共和国民法典Ⅰ 对照条文编》(商事法务,2022 年 3 月)。

计使用了49次。在日本公布的翻译版本中,这一用词既有译为"过失"的,也有译为"故意或者过失"的。然而,刊载在中国政府网站主页上的英译用的则是"at fault"。③

据此,本人首先想到的是,将"过错"一词脱离民法典来考虑,查一查在什么场景中使用这个词。这时第一感觉到的用例是,"离婚案件过错方",它对民法学者而言是极易理解的。这里的用例所指的是离婚事件中的"有责配偶者"。毋庸置疑,离婚行为本身是出于故意,而绝不可能是出于过失。即,此处的"过错"变成了表示行为者的可归责性,自然是与故意、过失无缘的概念。这样考虑下来就始于可以认为,"at fault"这一英译似乎是准确地把握了"过错"这一概念。因为,这里用的并非"intentionally or negligently",而是"at fault"。

接下来,考虑一下"过错"用大陆法系概念如何替换。"过错"似乎与法国法上的"faute"、德国法上的"verschulden"是近似的概念。由此,本人认为,"过错"的日译,似乎用作为"verschulden"的日译而在日本广泛使用"过责"一词替换是比较恰当的。

以上的考察,并不仅仅是为了翻译,而是更让人想到容易得出的一个结论,即,中国民法典中的"过错"这一概念,并非指代"特意"或者"心不在焉"等所谓的"心理状态",而是意味着"行为人有足以归责的情况"。但是,为了避免操之过急地得出结论,在此之前,就另一个概念——"过失"进行探讨。

中国民法典中,还存在与"过错"相区别的概念——"过失",例如,第43条第3款中的"故意或者重大过失"。"过失"转换为繁体字,即与日语中"過失"本是同样的字。

关于在日本法上何为"过失"的概念问题,学说上是有讨论的。传统的通说是将"过失"看作"因不注意而没有认识到自己的行为可能引发违法的结果而为其行为的心理状态";与此相对,"所谓过失,是违反义务"应该是现在的多数说。值得注意的是,最近,认为"过失"的意义

③ http://www.npc.gov.cn/englishnpc/c23934/202012/f627aa3a465"1475db936899d69419d1e/files/47c16489e186437eab3244495cb47d66.pdf.

在每种类型的不法行为上不尽相同的观点正在逐渐走强。例如,在交通事故案件中,使用的"漫不经心地持续高速驾驶"这种语句来认定类似于"心不在焉"的状况;而在医疗事故的案件中则用的是,"在这种情况下,医师应该做什么,有什么样的义务,需要谨慎探讨"。

让我们还是回到今天报告的正题,应该如何看待中国民法典上的"过失"。

在进入正题之前,看一个有意思的问题,即,中国民法典中"过失"这一用词经常与"故意"并列,且有"重大过失"也在使用。

关于日本法上的"重过失",本人曾有过分析④,并提出"重过失"具有两种类型,一是,本应只规定故意,但因证明该种故意的取证极为困难,因此为了缓和取证的难度而将"重过失"与"故意"并列。二是,仅限于当对某人负有的注意义务与实际行为过于悬殊时,行为人应承受一定的不利结果。

前者的例子:

于损害保险的关系上,行为人故意造成保险事故的,保险公司当然无须支付保险金。虽然在保险关系中大多以格式条款对此作出规定,但法律层面上也有《在日本渔船损害等补偿法》第100条对此作出了明文规定。

即组合⑤,对于因被保险人的故意或重大过失或者船长及其他渔船指挥者的故意而造成的损害(在渔船船主责任保险上为事故),抑或因渔船勤务(原文:"乘组")船主保险的保险金受益人的故意而造成的事故,无须填补损害、支付保险金。

如若,故意造成损害也能得到保险补偿,就会催生道德风险。由此便要将故意造成的损害从补偿对象中剔除,但证明行为人的故意又是极为困难的。为此,通过规定重大过失的情况也不支付保险金,便可以

---

④ 道垣内弘人著,高庆凯译:《"重过失"的概念》,大村敦志责任编集・民法研究(东アジア〈亚洲〉编1)第2集第1号,第101~109页(2016年)。

⑤ 编者注:日语"组合"主要意思是人的组合,译为中文有多种对应词。诸如:工会、合作社、行业协会、公会等。此处应理解为行业协会。日本有些行业协会可以做保险业务。

做到在实际上被认为是故意但因无法证明时，也可以不支付保险金。

后者的例子：

即作为"仅限于当对某人负有的注意义务与实际行为过于悬殊时，行为人应承受一定的不利结果"的例子，可以举出日本公司法第131条的规定。

①股票的占有人，可推定为合法享有与该股票相关股份的权利。

②已接受股票交付者，取得与该股票相关股份的权利。但其存在恶意或重大过失的，不在此限。

应该认为，该条规定的是，不仅以故意对权利取得判断为不予认定。A从股票占有者的B处受让该股票时，明知B并非该股票真实权利人的情形下不能取得该股权毋庸置疑，在远未达到所要求的注意程度的情况下受让股票，A同样是不能取得该股权的。并非是因为不能证明恶意而同时规定不保护重大过失的情形，而是要在股票受让人的调查水平极度低下的情形下，将其从保护对象中剔除。⑥

反过来看，中国民法典中的"重大过失"究竟是什么意思。

从它与故意并列使用这一角度看，可以设想其与"故意"情况相近。也就是说，在上述前者类型的故意中"本应只规定故意，但因证明故意的取证极度困难，因此为了缓和证明的困难，而将'重大过失'与'故意'并列规定"。这是最直截了当的感觉，但还是有必要对各条文作慎重解释。

例如，中国民法典第43条第3款规定："财产代管人因故意或者重大过失造成失踪人财产损失的，应当承担赔偿责任。"这固然存在减轻财产管理人义务的立法意旨，但应该认为它并非是将应承担责任的情形限定为故意。即应该解释其意思是，对于极端的不注意，令其承担责任也不为过，仅限于对于某人所要求的注意义务层次与实际行为的水平之间过于悬殊时，令其承担责任（实际上解释了第二种类型的故意和

---

⑥ 在契约编前就有：第120条、第171条、第186条、第238条、第287条、第392条、第495条第2款、第502条第3款、第528条、第522条、第566条第2款、第578条、第582条后段、第597条第1款、第617条、第688条第2款、第699条后段、第728条、第743条第1款、第743条第2款、第781条。

重过失的关系——译者)。

与此相对的是中国民法典第1183条第2款规定的"因故意或者重大过失侵害自然人具有人身意义的特定物造成严重精神损害的,被侵权人有权请求精神损害赔偿"。

这可能是基于故意损害物品给被侵权人造成了重大精神损害的考虑而制定的,因此笔者认为在不能证明侵权人故意时,在其重大过失的情形下也允许被侵权人进行损害赔偿请求。

这二者的差异,导致了被侵权人在举证上的不同。第1183条第2款规定的"重大过失"中的"过失",实际上意味着主观状态而不是违反义务。因此认定"过失"要求证明的是相对方的主观状态,而不是其违反了义务。

与此相对的是与过失相区别的概念"过错"的举证,并不必然重视相对方的主观状态,而是将违反义务作为肯定其可归责性的重点。当通过区别故意与过失来对其归责根据进行个别性考虑是有困难的,姑且使用fault、verschulden的归责性。重要的是,在法实务中的举证方面,它要考虑的并不限于客观层面的违反义务,而是可以通过其他诸多情况来证明可归责性。

虽然以上的结论并不必然正确,但是,可以明确的是,可以以过失与过错的区别为契机,讨论诸多问题。

进言之,也可能会有这样的理解,即中国法上的"过错"是"故意"和"过失"的合体概念,其判断说到底还是主观性的判断(可能在中国也是通说)。这样的话,"故意或重大过失"的用词就应该是为了在"过错"中排除轻过失的概念。但是,对于"重大过失"似乎也不能单纯地理解为对主观性的判断,日本法上也有对"过失"概念客观化的讨论。另外,关于faute也是如此。总之,这一概念是值得在今后继续讨论的问题。

三、"承担责任"的各种表示形式

下面,想对译成日语后均为"承担责任",而在中国民法典中使用的多种用词进行整理,进而讨论其各自的意义。

　　首先是第 34 条第 3 款规定的"监护人不履行监护职责或者侵害被监护人合法权益的,应当承担法律责任"。此处可见的"应当承担……责任"。这是一种类型。⑦

　　所谓"应当",倘若直译为日语就是"必须"。因此,将"应当承担……责任"直译为日语便是"必须承担责任"。

　　但是,从"必须承担责任"这一表述来看,又有其奇异之处。用"必须承担责任"向相对人请求的内容本应该是(命令——编者)"承担责任",但实际上当然不是这样,而应该是对"支付××元""做××"的请求。如果是这样,为什么这里要使用"应当"? 这一点很令人费解。

　　反过来再看,在责任相关的表述中,并不总是使用"应当"一词。例如,民法典第 62 条第 1 款规定"法定代表人因执行职务造成他人损害的,由法人承担民事责任",此处使用的就是单纯的"承担……责任"。⑧

　　还有民法典第 75 条第 2 款规定"设立人为设立法人以自己的名义从事民事活动产生的民事责任,第三人有权请求法人或者设立人承

----

　　⑦　这种类型在合同编为止的条文中使用的有:第 43 条第 3 款、第 53 条第 2 款、第 70 条、第 83 条、第 84 条、第 157 条、第 164 条、第 167 条、第 169 条第 3 款、第 181 条第 2 款、第 182 条第 3 款、第 185 条、第 222 条、第 259 条、第 316 条、第 388 条第 2 款、第 431 条、第 432 条第 1 款、第 434 条、第 451 条、第 459 条、第 501 条、第 522 条第 1 款、第 523 条、第 527 条第 2 款、第 554 条、第 566 条第 3 款、第 577 条、第 582 条前段、第 592 条第 1 款、第 593 条、第 651 条、第 652 条、第 653 条、第 655 条、第 660 条第 2 款、第 662 条第 2 款、第 682 条第 2 款、第 714 条、第 784 条、第 801 条、第 802 条、第 820 条、第 823 条、第 824 条第 1 款、第 825 条第 2 款、第 834 条前段、第 841 条、第 854 条、第 856 条、第 858 条第 2 款、第 868 条第 1 款、第 869 条、第 871 条、第 872 条第 1 款、第 873 条第 1 款、第 881 条第 2 款、第 884 条第 2 款、第 893 条后段、第 894 条第 2 款、第 897 条、第 907 条、第 917 条、第 958 条第 2 款、第 962 条第 2 款、第 973 条后段。

　　⑧　这种类型在合同编为止的条文中使用的有:第 60 条、第 67 条第 2 款、第 74 条第 2 款、第 75 条第 1 款、第 86 条、第 98 条、第 104 条、第 169 条第 2 款、第 176 条、第 177 条、第 178 条、第 179 条、第 307 条、第 662 条第 1 款、第 686 条、第 688 条第 1 款、第 695 条第 1 款、第 699 条、第 786 条、第 791 条第 2 款、第 832 条、第 834 条、第 872 条第 2 款、第 873 条第 2 款、第 874 条、第 923 条、第 973 条。

担"。此处使用的"请求……承担"的类型使用的也很多。⑨

那么这些对承担责任的诸多表示形式是被作了怎样的区分呢?

首先,以"应当承担责任"这一形式规定的条文,可以评价为责任发生根据规定。与此相对的是未使用"应当",仅以"承担……责任"形式规定条文,是有关责任承担状态的规定,而非责任发生根据规定。⑩

例如,民法典第67条第1款规定"法人合并的,其权利和义务由合并后的法人享有和承担",这一条款就不是责任发生根据规定。合并前的法人,由于某种原因而负有一定义务,这一义务由合并后的法人承担。

A法人与B法人合并后,产生了C法人。D因对C法人享有一定的支付请求权而欲提起诉讼。此时,D首先应当就A法人或B法人对其具有一定义务进行证明。当明确A法人或B法人对其存在一定义务后,就可以根据其他种种责任根据条文对C法人进行主张。例如,当A法人是承揽合同的承揽人时,由于毁损了定作人提供的材料,根据民法典第784条负有赔偿责任("承揽人应当妥善保管定作人提供的材料以及完成的工作成果,因保管不善造成毁损、灭失的,应当承担赔偿责任")。依据这一条文而产生的A法人的责任,根据第67条第1款是应由C法人继受的,D在证明A法人与B法人合并后设立了C法人这一事实后,可通过第67条第1款主张C法人继受了前述A法人的责任,这就使得对C法人的请求权变为可能。

此外,还有在同一条文中同时存在这两种表述的。民法典第834条是关于货运合同的条文。该条规定:"两个以上承运人以同一运输方

---

⑨ 这种类型在合同编为止的条文中使用的有:第120条、第171条、第186条、第238条、第287条、第392条、第495条第2款、第502条第3款、第528条、第552条、第566条第2款、第578条、第582条后段、第597条第1款、第617条、第688条第2款、第699条后段、第728条、第743条第1款、第743条第2款、第781条。

⑩ 在中国民法典中不存在债权总则,被认为是特色之一。但是,实际上责任发生根据规定与责任状态规定散落于合同编中,这与不存在债权总则是有关系的。也就是说,如果存在债权总则,可以在债权总则中设置债务不履行的相关条文,则合同编规定义务内容,依据后者义务内容的规定,违反规定的义务,则适用所有前者的债务不履行的条文。但是如果不设债权总则,则合同编中需要复数设置责任发生根据规定与责任状态规定。

式联运的,与托运人订立合同的承运人应当对全程运输承担责任;损失发生在某一运输区段的,与托运人订立合同的承运人和该区段的承运人承担连带责任。"

该条中,前一表述形式是"应当……承担责任";而后一表述形式是"承担……责任"。前一表述规定的是,作为契约当事人的承运人对非由自己承运的区段里发生的损害也要承担责任,它要明确的是责任发生根据。亦即,要表明的内容是,对并不是自己承运的地方不负责任这种可能性予以否定,进而承认责任的存在。与此相对,后一表述并没有要明确"该区段的承运人"承担责任这种根据。因为"该区段的承运人"与托运人之间并非契约关系,所以,恐怕可以请求的是侵权责任,此种责任的根据应该是民法典第 1165 条第 1 款。在此基础上,对于根据第 834 条第 1 款就全区段发生的"合同承运人"的责任与根据第 1165 条第 1 款发生的"该区段承运人"的责任之间的关系予以明确的是,第 834 条第 1 款的后段表述,即"连带责任"。

综上,首先假设托运人为 A,作为契约当事人的承运人为 B,事故发生区段的承运人为 C。A 要追究 B 和 C 的责任首先要主张并举证事故的发生,其次主张 B 为契约的当事人,然后根据第 834 条前段主张 B 的责任。接下来,C 是"该区段的承运人",首先主张和举证因 C 的责任发生了损害,其次根据第 1165 条第 1 款主张 C 的责任。继而,在此基础上,根据第 834 条后段主张两者的责任关系为连带。

尽管如是说,还是感到有些问题(需要进一步思考——编者)。这就是,要揭示责任发生依据,用"应当承担……责任"表述是不是有些诡异?因为它不是"有承担责任的义务",而是"有责任",所以用"承担……责任"不就可以了吗?但是,这一点可以评价为与英美条文的表述相类似。在揭示某主体承担责任时,英美法的条文常用"shall be liable"来表述。这种表述翻译成日语让人感到应该是"应该承担责任(責任を負うものとする)"。中国民法典上的"应当承担……责任"似乎也应该用这种日语表述来翻译。

接下来是"请求……承担"这一表述模式的含义。这中间是有些微妙的,概而言之,是在请求者具有选择权的情形下使用。

首先是民法典第 582 条。该条作为"不完全履行情形下的违约责任"规定:"履行不符合约定的,应当按照当事人的约定承担违约责任。对违约责任没有约定或者约定不明确,依据本法第五百一十条的规定仍不能确定的,受损害方根据标的的性质以及损失的大小,可以合理选择请求对方承担修理、重作、更换、退货、减少价款或者报酬等违约责任。"

此处并列了"修理、重作、更换、退货、减少价款或者报酬等"多种救济手段,权利人可以据此进行选择。此时,权利人可以选择其中之一请求。

其次,民法典第 688 条第 2 款作为"有数个责任主体时,权利人可以选择责任主体请求"的规定:"连带责任保证的债务人不履行到期债务或者发生当事人约定的情形时,债权人可以请求债务人履行债务,也可以请求保证人在其保证范围内承担保证责任。"

但是,存在数种救济手段或存在数个责任主体时,为何"请求",这实际上包含了值得考虑的问题。这就是,请求前到底是怎样的状态。

倘若认为,在未选择"请求"的情形下责任已经发生,那么因为从该时间点开始就构成履行迟延,同时履行迟延损害金也会随之产生。与此相对的是,倘若认为自"请求"时起才发生责任,那么在"请求之前"均不构成履行迟延,因为会属于未定期限的债务。

质言之,这是各条文的解释论问题,根据不同条文会有差异。例如,民法典第 578 条规定:"当事人一方明确表示或者以自己的行为表明不履行合同义务的,对方可以在履行期限届满前请求其承担违约责任。"关于这一条文,就其性质而言可认为是,在期限届满前只要没有请求,就不会产生迟延履行损害金。当相对人在期限届满前拒绝履行时,是即时追究其违约责任,还是等到履行期限届满后再追究其违约责任,交由债权人自行判断。

与此相对的是上文列举的第 688 条。该条文明确了因期限届满方产生迟延履行损害金。在权利人请求前,即产生债务人及保证人的责任,因为履行期限已经届满。

这种解释论必须根据每个条文展开,这点极为重要。

四、结语

《论语·述而》曰:"暴虎冯河,死而无悔者,吾不与也。必也临事而惧,好谋而成者也。"这里说的是,既没有计划,也没有成算,有勇无谋之士是不会成功的。而这个道理要教诲的典型对象也许就是我这个明明不会汉语,却想对读过的汉语用词方法展开分析的人的所为。然而,也许不会汉语的人因为没有先入为主的偏见,而更能对读过的东西有其特别的发现,故而斗胆作此报告。

报告中可能多有误读误解,敬请指教。

基本原则与概括条款的区分：
中国诚实信用与公序良俗的解释论构造

于　飞[*]

目　　次

一、问题的提出
二、基本原则与概括条款区分的理论基础
三、我国民法典上基本原则与概括条款区分的形式结构
四、基本原则与概括条款区分的裁判实益
五、结语

一、问题的提出

我国《民法典》第 7 条诚信原则、第 8 条公序良俗原则，与之后诸多涉及诚信、公序良俗的条款之间，究竟是什么关系？

我国《民法典》总则编第一章集中规定了合法权益受保护原则、平等原则、自愿原则、公平原则、诚信原则、公序良俗原则、绿色原则 7 个

---

　*　作者：中国政法大学民商经济法学院院长、教授。

民法基本原则。这种立法例是中国民法典的一个特色,但会造成解释论上的难题。特别是在诚实信用、公序良俗领域,他国只有概括条款,如日本民法典第 1 条第 2 款、第 90 条;而我国除了这些概括条款以外,在法典首章还设置了诚实信用、公序良俗的基本原则。作为基本原则的诚实信用、公序良俗功能何在? 典型如,公序良俗的核心概括条款是违背公序良俗的法律行为无效,在我国《民法典》上是第 153 条第 2 款。那么,凡需要公序良俗发挥作用之处,我们似乎都可以如比较法之成例,通过第 153 条第 2 款来达致。那《民法典》第 8 条的公序良俗原则还有什么功能?

须知,我国《民法典》中包含诚实信用、公序良俗的条款很多,除首章中的基本原则规定外,涉及诚信的有《民法典》第 142 条、第 466 条、第 500 条、第 509 条第 2 款、第 558 条;涉及公序良俗的有第 10 条、第 143 条、第 153 条第 2 款、第 979 条第 2 款、第 1012 条、第 1015 条第 1 款第 3 项、第 1026 条第 4 项等。于是,位于最前面、包含有同样理念的基本原则,究竟有什么脱离诸概括条款之外的功能? 这是建立我国民法基本原则解释论必须回答的问题。

无论中国理论或实践,通常都不会区别基本原则与概括条款。而这一区分,笔者认为可能是解决以上问题的关键。

二、基本原则与概括条款区分的理论基础

(一)比较法上的经验

德国民法典第 242 条诚实信用覆盖范围极宽、功能极强。但第 242 条的文义是极为狭窄的,"债务人有义务依诚实信用的要求,同时照顾交易习惯,履行给付"。也即这只是一个对债务履行方式的规定。如何处理第 242 条狭窄文义和宽泛功能之间的矛盾,在德国民法理论上有两种方式。

第一种方式,维持德国民法典第 242 条的文义并仍将其作为具体规则对待,而将超出这一有限含义而凌驾于整个私法领域之上的内容抽象为一个更上位的、宽泛的诚实信用原则;此时,第 242 条就成了诚实信用原则在制定法上的一个具体表现。第二种方式,将所有功能都

纳入第242条之中,从而直接将该条扩张为原则;此时第242条的文义会空洞化,而该条文义上的功能——规制债务的履行方式,会成为已扩张为原则的第242条之下的一个具体类型。

两种方式看似差异巨大,但细想之下实则殊途同归。第一种方式维持了第242条的概括条款性质,然后确立了一个更上位、更宽泛的诚实信用原则;第二种方式将第242条扩张为原则,然后把第242条的文义功能作为该原则之下的一个具体类型。可见,虽然在究竟把第242条安排在哪个层次上有差异,但在区分基本原则与概括条款的这个关键点上,两者是一致的。

日本民法在公序良俗领域中,也有过类似的双层结构理论。我妻荣指出:"现在所有的法律关系都应该受公序良俗支配,公序良俗可以考虑为支配整个法律体系的理念。即无论所谓权利的行使与义务的履行应当遵循诚实信用的原则也好,自力救济界限的规定也好,关于法律行为的解释发挥作用的条理也好,结果上都只是公的秩序、善良风俗理念的具体适用。这样一来,第90条并不是规定了对个人意思自治的例外限制,而可以考虑为不过是偶尔显示出的支配整个法律体系的理念的片鳞。"① 我妻荣即把公序良俗视为"支配整个法律体系的理念"(基本原则),而日本民法典第90条法律行为违反公序良俗无效之条文,不过是体现该理念的一个具体条款。

(二)基本原则与概括条款区分的方法论透视

该方法是整体类推。即在多个既有法律规定中,归纳得出一般法律原则,然后可以将该原则演绎适用于法律没有明确规定的类似情形。

在有关诚实信用的概括条款中我们可以归纳出一般法律原则,即在法律上的特别关联(rechtliche Sonderverbindung)中,行为人须顾及相关人利益。诚实信用原则对民法中的人皆以自己利益为中心的思考和行为方式进行了一个根本上的修正,进而设立了不同情况下各种新的注意义务和众多新规则。存在法律上的特别关联的情况下,当事人之

---

① 我妻荣:《我妻荣民法讲义Ⅰ:新订民法总则》,于敏译,中国法制出版社2008年版,第253—254页。

间在客观上有较密切的联系,主观上有较高的预见可能性,存在信赖产生的基础,因此在当事人之间产生了较高的注意义务,这就是依诚实信用标准为行为之义务的由来。然而,特别关联范围虽广,也没有涵盖民法领域之全体,完全的陌生人之间就不存在法律上的特别关联。此时,只能适用不违反公序良俗这一较低的行为标准,即"主体在其一切行为中均不得违背秩序及伦理底线"。

三、我国民法典上基本原则与概括条款区分的形式结构

(一)我国诚实信用领域基本原则与概括条款区分的形式结构

我国《民法典》第 7 条诚实信用原则在表述上即覆盖全部"民事活动"领域,内容高度抽象概括,这是我国民法中的诚实信用原则。之后的那些与诚实信用相关的条文,则为概括条款。可以认为,从我国《民法典》第 132 条、第 142 条、第 466 条、第 500 条、第 509 条第 2 款、第 558 条中,整体类推产生以"法律上的特别关联中,行为人须顾及相关人利益"为内核的上位的、宽泛的诚实信用原则,《民法典》第 7 条即该诚实信用原则制定法化体现。然后,诚实信用原则就可以进行演绎作业,发挥法律续造功能,填补一些我们尚且缺少明确规定的法律漏洞,如:(1)义务履行的方式;(2)权利失效规则。

(二)我国公序良俗领域基本原则与概括条款区分的形式结构

我国《民法典》第 8 条规定,"民事主体从事民事活动,……不得违背公序良俗"。该条覆盖全部"民事活动"领域,内容高度抽象,无明确的要件和效果;此为上位的、宽泛的公序良俗原则。同时,第 10 条、第 143 条、第 153 条第 2 款、第 979 条第 2 款、第 1012 条、第 1015 条第 1 款第 3 项、第 1026 条第 4 项则为包含了公序良俗的概括条款。因此,观念上可以认为公序良俗原则从各个具体的公序良俗概括条款中整体类推产生,并被《民法典》第 8 条制定法化了。

与诚实信用一样,同为基本原则的公序良俗也有法律续造功能。如:其一,法律行为中的条件不法;其二,不当得利中的不法原因给付;其三,可以考虑在侵权法中建立"背俗故意致损"类型作为保护纯粹经济损失的"最小值"。

四、基本原则与概括条款区分的裁判实益

(一)法官是否有确立规则的义务

1. 法官基于原则裁判时有确立规则的义务

原则不能直接适用,基于原则裁判实际上是要求从原则中产生出一个规则,再适用该规则。基于原则裁判的方法论性质,一般是漏洞补充。比较法上,瑞士民法典上的漏洞补充由第1条第2款规制,即"法官应依其如作为立法者所确立的规则裁判"。这里就明确揭示出法官有"确立规则的义务"。在漏洞补充作业中,基于原则裁判亦包括在内,立法者所期待的不仅仅是个案妥当——个案妥当通过纯粹案例决疑式的做法也能达到;立法者真正期待的,是建立在规则可重复性基础上的个案妥当——规则可重复性甚至在原则上要优先于个案妥当性。法官有义务把这样的可重复性规则在个案中明确下来,并在判决书中明示从原则到规则的推导过程。唯有如此,才能避免"依原则裁判"沦为"黑箱"操作,本土法资源也才能逐步积累,并使基于原则的裁判在案例与学说的互动下逐渐获得一定的确定性。

2. 法官适用概括条款时没有确立规则的义务

适用概括条款时,不需要法官提出规则。例如,瑞士民法学说上有"法内漏洞"的概念。概括条款是典型的"法内漏洞"。瑞士民法典第1条第2款规定了法官的确立规则的义务,但是,"对于法内漏洞,瑞士民法典第1条第2款则不适用。在内部漏洞情形,法院一般应依照个案正义(瑞士民法典第4条)进行裁判"②。即法官的义务只是综合一切情形作妥当的个案判断,而没有将个案判断一般化的负担。类型化工作则留待个案之后由学者去完成。

3. 差异产生的原因

根本原因是,原则不是规则,所以法官必须提出一个规则才能进行裁判;而概括条款本身就是规则。

---

② 前注㊼,贝蒂娜·许莉蔓-高朴、耶尔格·施密特书,第74页。须指明,"法内漏洞"这个概念充满了矛盾:它既有"漏洞"之名,又不需要法官提出规则来填补。对其质疑,参见前注㊼,贝蒂娜·许莉蔓-高朴、耶尔格·施密特书,第63页。

我国《民法典》第 7、8 条规定的诚实信用原则与公序良俗原则都仅仅是一般法律理念的表达,这样的原则根本不能满足涵摄要求,以其为司法三段论的大前提,推不出任何结论。相反,概括条款有具体的适用领域,有其要解决的具体问题,而且具备"要件—效果"模式,属于规则。概括条款只是为了避免在某一具体领域中列举事实构成所必然造成的遗漏而采取的一种概括式立法方式,法官在适用概括条款时,只是由于这里存在须评价地予以补充的不确定法律概念,故在某个构成要件上需要结合个案中的一切事情进行妥当判断,但整个"要件—效果"的规则模式是既存的,不需要法官再提出一个新的规则。

(二)基本原则与概括条款在法律适用上的不同功能

1. 诚实信用、公序良俗概括条款的功能:裁判功能

概括条款是一种特殊的规则。由于它是规则,因此可以直接充任三段论大前提,成为法官的裁判依据。其特殊之处,在于包括了须评价地予以补充的不确定法律概念。这些概念无法通过法律解释的手段予以适用,需要法官在个案予以具体化。本土案例经过一定积累,学说积极介入后可以形成案例类型。类型化是辅助法官具体化作业的重要手段。

2. 诚实信用、公序良俗基本原则的功能:非裁判功能

基本原则不具有裁判依据的功能,不能直接充任三段论中的大前提。但不是裁判依据不意味着无功能。相反,以上基本原则在法律适用中的功能十分重大。

(1)解释功能:基本原则可以作为法律的解释基准。基本原则所表征的法律价值体系(内在体系),构成法律的客观目的,故以基本原则为法律的解释基准主要体现在目的解释之中。

(2)补充功能:基本原则可以作为填补法律漏洞的基础。相比较而言,类推、目的性扩张、目的性限缩这些漏洞补充方法以制定法上的具体规则为依据和起点,一方面更易查知和继续维系现行法规则中已获立法肯认的法律评价,另一方面在操作上的确定性也更强,因此,基本原则的补充功能应当排在类推、目的性扩张、目的性限缩之后发挥作用。

(3)修正功能:在具体规则产生严重不公正后果的特殊情形下,基于原则、特别是诚实信用原则可以产生限制性规定,从而排斥具体规则对个案的适用。须注意,目的性限缩也可以排斥具体规则的适用。两者区别在于,目的性限缩的核心是不限缩规则文义则不足以实现规则的立法目的,而基本原则的修正功能则是新的权衡要素(如诚信原则)介入并打败的规则的立法目的。是规则背后的立法目的得到更好的实现,还是该立法目的屈服于更强理由,这是根本不同的。

在"新疆华某安居房地产开发有限公司、中国铁某大桥工程局集团有限公司建设工程施工合同纠纷案"中,最高人民法院就展示了诚信原则的修正功能。

五、结语

在诚实信用、公序良俗领域,我国《民法典》存在基本原则与概括条款并存的现象,这是我国民事立法的一个特点。我们应当为这一特点建立一个合理妥当的解释论框架。

在观念上,可将《民法典》第7、8条诚实信用、公序良俗视为从诸多包含同一理念的概括条款中整体类推产生的一般法律原则。只不过,比较法上通常没有将这种一般法律原则制定法化,而我国民法典将其制定法化了而已。诚信原则的核心要义是"法律上的特别关联中,行为人须顾及相关人利益",公序良俗原则的核心要义是"主体在一切行为中均不得违背秩序及伦理底线",它们都是对以个体利益为中心的传统民法的重要修正,可以产生新的注意义务和法律规则,发挥法律续造功能。

基本原则与概括条款的区分有显著的法律适用意义。基于基本原则裁判必须提出规则。一个基本原则只是一项纯粹的法律价值,任何单一的价值都无法独自决定一个存在价值冲突的案件,而是必须在权衡中建立一个固化的平衡结构,这种重建的结构就是基于原则裁判时所提出的规则。相反,适用概括条款不需要提出规则,因为它本身就是规则。

概括条款在法律适用中是裁判依据,可以直接充当司法三段论之大前提。基本原则不是裁判依据,但其具有解释功能、补充功能、修正功能,以上功能同样对司法裁判意义重大。

《民法典》中恢复原状的解释论展开

姚　辉[*]　张宏帅^{**}

目　　次

一、总则编中所规定的恢复原状
二、各分编中的恢复原状

一、总则编中所规定的恢复原状

恢复原状无疑是我国民事法律体系中的高频术语。在《民法典》中,恢复原状频繁出现在总则部分和分则之物权部分、合同部分及侵权责任部分。然而对于出现在不同法条中的该项术语究竟应作何解释,不无疑问。具体而言,恢复原状作为民事责任承担方式或权利保护方法是否具有独立性,其性质应如何界定;对于恢复原状的规范内涵是应遵循同一规范目的作出相同解释,还是应根据各具体民事法域的不同价值导向,在具体化情境下作不同解释,以及在争讼解决中应如何选取

---

　* 作者:中国人民大学法学院教授。
　** 作者:中国人民大学法学院研究生。
　本文系未完成稿,谨供本次大会发言,引用请联系作者。

恢复原状的法律条文来作为权利人之请求权基础或司法者之裁判依据,诸如此类,不无探讨余地。

根据《民法典》第179条第1款第与项的规定,恢复原状是民事责任的承担方式之一。由于《民法典》第179条同时将返还财产、修理、重作、更换、恢复名誉和赔礼道歉作为与恢复原状相并列的民事责任承担方式,这就极大压缩了恢复原状的适用空间,使其内涵范围变得极为狭窄,继而引发了学说上关于恢复原状之独立存在价值的争议。

鉴于《民法典》第179条针对多种民事责任承担方式采取列举式规定的现状,故而不应从广义上解释恢复原状的规范内涵,即此处的恢复原状并非指恢复到当事人之间原来的法律关系状态,否则会导致恢复原状的内涵过于宽泛,使得其与其他民事责任承担方式的界限更为模糊。《民法典》第179条第1款第5项规定的恢复原状应从较为狭窄的意义上进行解释,即其是指通过修理等手段使受到损坏的财产恢复到负担责任之事由未发生时的应有状态,而且其包括了支付恢复原状的必要费用,这就将恢复原状的适用范围限定于财产受损的情形,并为受害人赋予了自主实施恢复原状的权能。

支付恢复原状的必要费用与作为金钱赔偿之赔偿损失具有本质差别,前者旨在维护受害人的完整利益,是一种特殊形式的恢复原状,其使得受害人能够亲自掌握恢复原状的实施权能,而不必等待行为人来配合履行恢复原状义务,但恢复原状义务自始至终都是由行为人负担,如将支付恢复原状的费用理解为赔偿损失的类型,则会限制恢复原状的适用范围。①

此外,《民法典》第179条第1款第6项规定的修理、重作、更换应理解为合同法领域的民事责任承担方式,主要是指合同履行违反合同义务所产生的修理、重作、更换之违约责任,这就与第179条第1款第5项规定的恢复原状相区分。其余如返还财产、消除影响、恢复名誉等民事责任承担方式,也不会与内涵限定后的恢复原状责任发生重叠。

① 参见李承亮:《损害赔偿与民事责任》,载《法学研究》2009年第3期,第141—142页、第144—147页。

综上所述,应肯认《民法典》第 179 条第 1 款第 5 项规定的恢复原状作为民事责任承担方式所具有的独立性地位,这正是中国民事责任立法的特色体现。我国 1986 年颁布的《民法通则》创设了单列民事责任一章的立法体例,其背后体现着严格区分债务(义务)与责任的理念,民事责任与民事义务的性质、功能和拘束力均有不同,立法体系上也因此将两者予以分离。② 《民法典》第 179 条第 1 款所规定的各类民事责任承担方式的首要属性是作为违反民事义务之后果的民事责任,但同时也不否认其属于物权效力之体现或者侵权行为之后果。故而,《民法典》第 179 条第 5 项规定的恢复原状不仅是作为财产权受侵害的侵权责任方式,具有侵权之债的属性,更具有基本民事责任承担方式的独立性地位,支撑着我国民事立法区分债务与责任的框架,并彰显着我国民事责任立法的独特性。

二、各分编中的恢复原状

在《民法典》颁行前,恢复原状作为责任方式便已存在于 1999 年《合同法》、2007 年《物权法》和 2009 年《侵权责任法》之中,《民法典》对于这些法律条文未作过多修正,具体变化是针对《物权法》第 36 条增加"依法"二字,作为《民法典》第 237 条进行规定;针对《物权法》第 83 条增加了恢复原状的责任承担方式,作为《民法典》第 286 条进行规定;针对《合同法》第 97 条,改采"或者"一词衔接恢复原状和采取其他补救措施这两种责任形式,表明两者处于择一选取的适用关系,并将其作为《民法典》第 566 条进行规定;针对《侵权责任法》第 15 条,该条规定了包括恢复原状在内的多种侵权责任承担方式,《民法典》直接将其删去,未予保留,以致《民法典》侵权责任编中不再存有恢复原状,而只有第1234 条、第 1235 条对于生态环境修复的责任的规定作为传统恢复原状责任在生态环境侵权领域的具体表达。

在各分编中,恢复原状作为具体法律效果所赖以产生的法律依据

---

② 参见魏振瀛:《债与民事责任的起源及其相互关系》,载《法学家》2013 年第 1 期,第 129—134 页。

并不相同,而不同法律条文可能要解决不同的利益冲突类型,也可能反映了立法者的不同价值取向③,例如,不动产或者动产受毁损情形与合同解除情形所发生的恢复原状法律效果就明显受到不同的价值原理支配。因此,不宜贸然针对《民法典》中相同的规范术语作出同一阐释,而有必要立足于各分编中恢复原状的具体法律条文,探寻其规范意旨,运用多种法律解释方法解读其独特的规范内涵。学界关于恢复原状的论述中,也通常是以现行法中规定有恢复原状的法律制度为基础,分析恢复原状在不同法律制度中的规范意义。④

(一)物权编中的恢复原状

《民法典》物权编第 237 条将修理、重作、更换和恢复原状均予保留,作为不动产或者动产毁损情形下权利人可予援用的救济方式。在该条中,关于恢复原状的内涵、属性以及其与修理、重作、更换之间的关系均存在争议,关键分歧在于恢复原状是适用物权请求权还是侵权请求权的构成要件和法律效果规则,即恢复原状是否以行为人具备过错、物权遭受损害为构成要件,其又是否受到诉讼时效的限制等。

根据《民法典》第 237 条的规定,此处的恢复原状是在不动产或者动产遭受毁损的情形,表明以有体物受有损失为前提,因而《民法典》第 237 条规定的修理、重作、更换和恢复原状应以物权遭受损害为构成要件,这实际上是将其作为侵权责任的具体形式。

从《民法典》第 237 条相比于《物权法》第 36 条的变化来看,也可窥知此处恢复原状的性质定位。《民法典》第 237 条增设"依法"二字,是为将修理、重作、更换以及恢复原状与物权请求权相区分,"依法"意味着权利人行使修理、重作、更换或者恢复原状这些请求权时,需要符合

③　参见姚辉:《民法学方法论研究》,中国人民大学出版社 2020 年版,第 454—455 页。

④　参见崔建远:《关于恢复原状、返还财产的辨析》,载《当代法学》2005 年第 1 期,第 63—73 页;朱岩:《什么是恢复原状?——兼评中国大陆侵权责任承担方式》,载《月旦民商法》第 26 期,第 121—123 页、第 106—130 页;李超:《物之毁损的恢复原状与金钱赔偿多种侵权责任方式下的解释论》,载《法律适用》2012 年第 2 期,第 38—44 页;冉克平:《民法上恢复原状的规范意义》,载《烟台大学学报(哲学社会科学版)》2016 年第 2 期,第 12—19 页。

民法典侵权责任编以及其他相关法律规范关于请求权具体要件等方面的规定。⑤ 具体而言,修理、重作、更换和恢复原状都是对于有体物遭受毁损的救济方式,修理、重作、更换是具体方式,恢复原状则发挥兜底性作用,为权利人主张修理、重作、更换以外的物理性恢复方式提供法律依据,同时权利人也可据此主张行为人承担恢复原状的必要费用,该支付费用性质的恢复原状请求权同样以事实上的恢复原状可能性为前提,否则权利人只能转向寻求以金钱赔偿为内容的赔偿损失请求权。⑥

此外,对于《民法典》物权编第 286 条规定的恢复原状,可将其内涵解释为清除垃圾等污染物、消除噪声、放弃违反规定的动物饲养、拆除违章建筑物、恢复通道之意,此处的恢复原状属于"回复生活"的类型,彰显以环境再生为中心的回复人的生活的意义,其中既有属于物权保护方式的内容,也有属于侵权责任方式的内容。⑦

（二）合同编中的恢复原状

《民法典》合同编第 566 条规定在合同解除情形,根据合同的履行情况及合同性质,当事人有权请求恢复原状或者采取其他补救措施,并有权请求赔偿损失。恢复原状本身具有多重含义,根据恢复原状的功能与价值,学说上将合同解除情形的恢复原状视为利益返还型恢复原状,其核心内涵是指恢复至利益变动前的状态,或者是指权利状态或法律关系状态的恢复,其价值取向在于法律行为被撤销、确认无效或解除时,将权利关系或法律关系恢复至原有状态。⑧

合同解除所发生的恢复原状效果具有何种性质,以及其利益返还范围如何确定,涉及合同解除的效力问题,合同解除的效力在学说上有多种争议。直接效果说认为,合同因解除而溯及既往地消灭,尚未履行

---

⑤ 参见黄薇主编:《中华人民共和国民法典物权编释义》,法律出版社 2020 年版,第 52—53 页。

⑥ 参见朱岩:《什么是恢复原状?——兼评中国大陆侵权责任承担方式》,载《月旦民商法》第 26 期,第 123 页。

⑦ 参见崔建远:《恢复原状请求权辨》,载《甘肃政法大学学报》2020 年第 5 期,第 42—43 页。

⑧ 参见胡卫:《民法中恢复原状类型与规范意义》,载《行政与法》2015 年第 5 期,第 116—117 页。

的债务免于履行,已经履行的部分发生所有物返还请求权或者不当得利返还请求权;间接效果说认为,合同本身不因解除而消灭,只是合同本身的效力受阻,合同上的债权债务关系会变形为恢复原状的债权债务关系,该恢复原状请求权被视为一种居于物权性质的请求权与不当得利请求权之间的混合权利;折中说认为,尚未履行的债务自合同解除时归于消灭,已经履行的债务并不消灭,而是发生新的返还债务;债务关系转换说认为,合同解除使原合同关系变形转换为恢复原状债权关系,原合同上已履行的债务转化为恢复原状债权关系中的未履行债务,经过履行后方告消灭。⑨

依循上述合同解除的学说分析,恢复原状或者属于所有物返还请求权,以原物给付的返还为典型形态,并以给付时的价值额为标准进行返还,此时同条规定的采取其他补救措施属于不当得利返还请求权,适用于劳务给付、物品利用、原物毁损灭失等场合;或者属于不当得利返还请求权,具有债权性质而不存在物权的效力;或者是一种广义上的恢复原状义务,包括实物形态和价值形态的恢复原状,其既不属于物权性质的请求权,也不属于不当得利请求权,并以利益的全面返还为内容。⑩可见,合同解除情形的恢复原状在性质上有物权和债权说之争,在利益返还范围上有部分返还和全部返还之争。

单纯合同解除情形的恢复原状既以恢复原有的法律关系状态为价值取向,那么该恢复原状应以双方对待给付之利益的平衡复归为目的,即不考虑合同生效时双方本身的利益状况,而只考虑双方在此合同关系中利益往来的平衡恢复。具体而言,在原给付物存在的场合,自当返还该给付物,该给付物所产生的孳息应一并返还,但可主张保管该物及收取孳息的必要费用;在原给付物不复存在或者返还成本过高等场合,则可返还同种类物,或者按照债务给付时的价款进行返还,如果此时出现双方返还之利益明显失衡的情形,裁判者应按照合同给付时的利益

⑨ 上述整理,参见崔建远:《关于恢复原状、返还财产的辨析》,载《当代法学》2005年第1期,第64—65页。

⑩ 上述分析,参见韩世远:《合同法总论(第4版)》,法律出版社2018年版,第668—684页。

比例予以调整。因而合同解除情形的恢复原状既包括实物形态的恢复，也包括价值形态的恢复，至于利益返还范围是部分返还还是全部返还并非关键，关键是返还之利益符合双方进行合同给付时的价值比例。

至于《民法典》第 715 条规定的恢复原状，如果出租人对于租赁物的改善或者增设他物之行为，并未造成租赁物的损失，那么此时恢复原状应是指恢复租赁物的原有形态，当承租人对租赁物的物权支配状态因此而受影响时，由于《民法典》第 236 条及第 1167 条已规定有停止侵害、排除妨害、消除危险的责任形式，便不宜将恢复原状解释为妨碍型恢复原状，否则会加剧概念混乱，此时承租人应依据《民法典》第 236 条或者第 1167 条行使停止侵害、排除妨害和消除危险请求权。《民法典》第 715 条规定的恢复原状应属违约责任范畴或者侵权责任范畴，即其具有债权性质，当租赁物由于出租人的改善或增设行为遭受损失时，承租人既可主张出租人承担违约责任，也可主张出租人承担侵权责任。

（三）侵权责任编中的恢复原状

《民法典》侵权责任编删除了《侵权责任法》关于恢复原状的条文规定，由此带来恢复原状是否仍为侵权责任承担方式的疑惑。

最突出的体现就是《民法典》侵权责任编将第二章的名称由"责任构成与责任方式"改为"损害赔偿"，且以侵权损害赔偿规则为该章的全部规范内容，使得侵权责任编在很大程度上回归了侵权损害赔偿法的定位。[11] 恢复原状原本就是大陆法系损害赔偿的基本原则，其又与金钱赔偿一并作为损害赔偿的基本方式，我国《民法典》在合同编和侵权责任编专门使用了不同的术语来区分损害赔偿与赔偿损失，所谓赔偿损失实际上是指金钱赔偿，但在侵权责任编，立法未严格区分金钱赔偿与恢复原状，但损害赔偿的概念中实际包含了恢复原状，当事人可以在侵权行为发生后自行选择请求恢复原状或者金钱赔偿。[12]

无论是财产权益还是人身权益遭受损害，实际上都有恢复原状的

---

⑪　参见杨立新：《〈民法典〉对侵权责任规则的修改与完善》，载《国家检察官学院学报》，第 33—35 页。

⑫　参见王利明：《我国〈民法典〉侵权责任编损害赔偿制度的亮点》，载《政法论丛》2021 年第 5 期，第 23 页。

适用空间。就财产权益遭受损害的情形而言,恢复原状既包括通过修复等有形手段填补财产权益的损害,也包括重新提供替代物、支付恢复原状的必要费用等其他方式,典例就是《民法典》物权编第 237 条的规范情形;就人身权益遭受损害的情形而言,也有恢复原状的适用空间,典例为《民法典》第 1179 条规定的人身损害情形的医疗费、营养费等为治疗和康复支出的合理费用,这些赔偿方式是以支付金钱为表现形式,因而很容易将其归于金钱赔偿的范畴,但实际上,医疗费、护理费、营养费等为治疗和康复支出的合理费用属于恢复原状的范畴。

另外,《民法典》第 1234 条、第 1235 条还规定了生态环境修复和生态环境修复费用的责任形式,这是恢复原状在生态环境侵权领域的具体表达,也不属于以金钱赔偿为内容的赔偿损失。因此,不能单凭受损法益的类型来确定侵权责任的方式,恢复原状和赔偿损失都属于我国侵权责任的基本方式,赔偿损失的适用范围确实更加宽泛,但恢复原状的适用也并不仅限于财产权益遭受损害的情形。

民法典上动产担保权优先顺位规则体系初论

高圣平[*]

目　　次

一、引言
二、动产担保权优先顺位的规则体系及其适用关系
三、动产担保权优先顺位一般规则与登记对抗规则之间的关系
四、购买价金担保权超优先顺位规则
五、结语

一、引言

中国《民法典》物权编对以往担保物权部分作出的修改,总的立法精神是要进一步优化营商环境,进一步增强我国在吸引投资方面的优势。如此,《民法典》物权编担保物权分编的修改也就主要集中在动产担保交易制度的完善上。就担保规则的体系化,《民法典》物权编仍然奉行大陆法系国家的权利类型化方法,将约定担保物权体系架构为"抵押权+质权",以是否移转标的物的占有为其区分标准。同时,《民法

---

　* 作者:中国人民大学法学院教授。

典》并未将所有权保留交易、融资租赁交易、保理交易重构为动产担保交易,但基于这些交易中所有权或应收账款在经济功能上起着担保作用,《民法典》也朝着动产担保交易的方向改变了既有的交易规则。动产担保交易的形式与体系定位都不重要,重要的是各类动产担保交易规则的统一,而规则的统一绝不仅仅只是设立、公示规则的统一,更为重要的应是竞存动产担保权之间优先顺位规则的统一。

二、动产担保权优先顺位的规则体系及其适用关系

就动产之上竞存权利之间的优先顺位,《民法典》确立了以下规则体系:第一,动产之上竞存的抵押权之间,依其登记先后定其顺位;已登记的优先于未登记的;未登记抵押权之间顺位相同,按债权比例受偿(第414条)。第二,动产抵押权和动产质权之间,按照登记、交付的时间先后定其优先顺位(第415条)。第三,购买价金担保权,如在宽限期内办理登记的,则优先于其他担保物权(第416条)。第四,法定动产担保物权优先于约定动产担保物权。第五,同一应收账款之上的复数保理之间,已登记的先于未登记的受偿;均已登记的,按照登记的先后顺序受偿;均未登记的,由最先到达应收账款债务人的转让通知中载明的保理人受偿;既未登记也未通知的,按照应收账款比例清偿(第768条)。在上述优先顺位规则体系中,第414条是确立竞存动产担保权之间优先顺位的一般规则,可以适用或准用于其他典型动产担保权和非典型动产担保权,其他优先顺位规则构成这一一般规则的例外,是为优先顺位规则的特别规定,并得优先适用。如第415条关于抵押权与质权竞存时的优先顺位规则(该条的理论基础同于第414条,严格意义上不属于特别规则);第416条关于购买价金担保权的超优先顺位规则;第456条关于抵押权或质权与留置权竞存时的优先顺位规则;第768条关于多数保理人之间的权利顺位等,均为特别规定。

《民法典》第414条第1款规定:"同一财产向两个以上债权人抵押的,拍卖、变卖抵押财产所得的价款依照下列规定清偿:(一)抵押权已经登记的,按照登记的时间先后确定清偿顺序;(二)抵押权已经登记的先于未登记的受偿;(三)抵押权未登记的,按照债权比例清偿。"第2款

规定:"其他可以登记的担保物权,清偿顺序参照适用前款规定。"这一规则为竞存担保物权之间优先顺位的一般规则,旨在进一步明确实现担保物权的统一受偿规则,有利于优化营商环境。

根据《民法典》第414条第2款的规定,"其他可以登记的担保物权"准用第1款的优先顺位规则。在《民法典》将所有权保留交易中出卖人对标的物的所有权、融资租赁交易中出租人对租赁物的所有权"功能化"为担保物权之后,所有权的权利内涵已经更接近于动产抵押权这一限制物权。与此同时,《民法典》第388条第1款规定:"担保合同包括抵押合同、质押合同和其他具有担保功能的合同。"这就为非典型担保交易准用典型担保交易的相关规则提供了解释前提。借助于登记公示方法的引入,所有权保留和融资租赁不再是"隐蔽"的交易,出卖人、出租人自可经由登记保全特定标的物之上的优先顺位。所有权保留交易、融资租赁交易在许多方面而非各方面与动产担保物权适用相同的规则,尤其是在优先顺位方面,更应当适用相同的规则。如此,所有权保留交易和融资租赁交易准用第414条第1款的规定即无障碍。这一解释方案也符合现代动产担保交易法的发展趋势。在法律改革家看来,交易的形式对于确定担保权人之间以及担保权人与第三人之间竞存权利的优先顺位没有关联。既然《民法典》上就所有权保留交易、融资租赁交易与动产抵押交易,在权利人与第三人之间的效力冲突上采取了相同的规则(均采登记对抗模式,即均为"未经登记,不得对抗善意第三人"),在权利人之间的优先顺位亦应作相同处理。

三、动产担保权优先顺位一般规则与登记对抗规则之间的关系

根据《民法典》第403条的规定,未经登记的动产抵押权,不得对抗善意第三人,但第414条所规定优先顺位的判断标准仅有一项,即登记的时间,这里并未考虑后设立担保权的权利人的主观态度。如此即可能出现解释冲突。例如,后设立的动产抵押权或其他担保权已经完成登记或其他公示手续,但其权利人知道同一动产上已经存在未登记的动产抵押权,如依第403条的规定,设立在先但未登记的动产抵押权,即优先于设立在后但已完成公示手续的动产担保权(第一种解释方

案);如依第414条和第415条的规定,则设立在先但未登记的动产抵押权,就劣后于设立在后但已完成公示手续的动产担保权(第二种解释方案)。就此,学界存在不同意见。

本人认为,现代动产担保交易法制优先顺位规则的核心价值目标在于确定性,这既是提高动产担保交易的效率的需要,也是保护交易主体信赖利益使然。动产担保权经公示而确立其优先顺位,是保护第三人信赖利益的最优选择。如若优先顺位的确立仍须考量相关权利人的善意,则会增加交易结果的不可预测性。权利人主观上的善意"是一个很难证明的纯主观的事实问题,除非存在压倒性的政策论据有益于该标准的适用,否则应明智地抛弃这一标准,并根据一些更容易确定的客观事件来决定,比如登记日期"。在我国已经加入的《开普敦公约》中,竞存权利之间依登记的先后顺序定其顺位,不考虑权利人在主观上的善意和恶意。起草者认为,如坚持登记对抗主义之下,虽未登记,但仍可对抗恶意的第三人,竞存权利之间就会多一个主观判断因素,徒增优先顺位上的不确定性,只会遭致事实上的纷争,引发不必要的诉讼,终将导致成本和风险的增加。最终,《开普敦公约》不考虑当事人是否知悉竞存权利的存在,仅以登记作为确定竞存权利之间优先顺位的唯一客观因素,增加了优先顺位规则的确定性。

解释论上可以认为,相对于第403条,第414条是特别规定,应当优先于第403条这一一般规定而适用。如此,《民法典》第403条应作限缩解释,善意要件只适用于第三人为买受人等具有否定未登记动产担保权存在效力的情形,而不适用于已经依法公示其担保权的权利人,即使这些权利人主观上为恶意,亦无不然。如此即增加了动产担保交易的确定性。

四、购买价金担保权超优先顺位规则

《民法典》第416条规定:"动产抵押担保的主债权是抵押物的价款,标的物交付后十日内办理抵押登记的,该抵押权人优先于抵押物买受人的其他担保物权人受偿,但是留置权人除外。"这是《民法典》中新增的购买价金担保权超优先顺位规则,其立法意旨在于:"针对交易实

践中普遍存在的借款人借款购买货物,同时将该货物抵押给贷款人作为价款的担保的情形,草案赋予了该抵押权优先效力,以保护融资人的权利,促进融资"。作为《民法典》第414条所确立的"先登记者优先规则"的例外,第416条奉行"后登记者优先规则",正是基于此,这一优先顺位的例外规则多被称为"超优先顺位规则"或"超级优先顺位规则"(super priority)。

购买价金担保权超优先顺位规则的正当性在于,在承认未来财产之上的动产担保权依登记时间而确定其优先顺位的情形之下,为防止所有的新增财产自动"流入"已设定的动产担保权,促进为担保人(债务人)购置资产提供新的信贷支持,拓宽再融资渠道,有必要承认购买价金担保权的超优先顺位。在我国《民法典》上,动产抵押权、所有权保留交易中出卖人的所有权、融资租赁交易中出租人的所有权都奉行登记对抗主义,且竞存的动产担保权之间依登记先后确定其优先顺位,已如前述。如债权人在债务人的所有未来财产上已设定浮动抵押权,在解释上,如该浮动抵押权已经登记,即具有优先于后设立的动产担保权的效力。此时,该浮动抵押权已经事实上形成了对其后信用提供者的垄断性权利,甚至构成对债务人经营活动的过度控制。如债务人就这些未来财产的购置寻求新的融资之时,信用提供者即使在这些财产上设立动产抵押权或保留所有权,因这些权利的登记劣后于在先浮动抵押权的登记而只能屈居第二顺位,如此,这些新信用提供者提供购买价金融资的积极性将大为降低。

《民法典》在改变了所有权保留交易和融资租赁交易等非典型动产担保交易的立法方法的情形之下,增设购买价金担保权的超优先顺位规则尤为重要。此前,《合同法》上就这两类交易并未采行登记对抗主义,所有权保留交易中出卖人所保留的和融资租赁交易中出租人所享有的,都是所有权,无须登记即具有对抗第三人的效力。这一所有权的权能丰满,依《物权法》的规定,并不受其他特别的限制。尤其是在买受人或承租人破产之时,标的物不属于破产财产,出卖人或出租人自得主张取回权。《民法典》就这两类交易改行登记对抗主义,还原其经济上的担保功能,与动产抵押权作一体的处理。所有权保留交易中出卖人所保留的和融资租赁交易中出租人所享有的所有权,自其登记之时,才获得强势保护。如债权人事先已在债务人嗣后取得的财产之上设定了动产担保权(如浮动抵押权),并已经登记,所有权保留交易中的出卖人和融资租赁交易中的出租人即使登记,也不可能在前述浮动抵押权之前登记,如仍依登记的先后确定竞存权利之间的优先顺位,其权利必定劣后。如此,如不规定购买价金担保权的超优先顺位规则,所有权保留交易和融资租赁交易的展开必受影响。增设购买价金担保权的超优先顺位规则,作为"先公示者优先"这一一般规则的例外,有利于促进购买价金融资的发展。

购买价金担保权超优先顺位规则奉行"后登记者优先",虽属一般优先顺位规则的例外,但也破坏了信贷担保规则的既有体系,应予严格使用。根据《民法典》第416条的规定,适用购买价金担保权超优先顺位规则,应满足以下条件:

第一,新担保权是为了担保人购置标的物,且在该标的物上设立,旨在担保该标的物全部或部分价款的清偿。该条以为债务人购置标的物而提供贷款为基本交易原型,在解释上,出卖人在赊销交易形式下保留标的物的所有权,亦是担保该标的物价款的清偿,应符合本要件。融资租赁交易中出租人的所有权亦是如此,但该条的文义较为明显地排除了售后回租(sale-and-lease-back)和售后买回(sale and repurchase)的情形。

第二,新担保权人应在标的物交付后10日内办理动产担保登记。规定宽限期的正当性在于,出卖人不必等到自己或其他购买价金融资提供者登记,即可向买受人交付标的物,从而促进动产的有效流动。在解释上,即使担保权人在标的物交付后10日内办理了动产担保登记,但该登记因未合理指明标的物、担保人姓名或名称错误等而无效的,此程序要件仍视为未满足,但如担保权人在10日宽限期届满之前办理了变更登记,弥补了前述登记缺陷的,则已满足此程序要件。即使未满足此程序要件,动产担保权的性质也不发生改变。未登记并不意味着动产担保权的丧失,动产担保权仍在当事人之间有效,并具有对抗无担保债权人的效力。如担保权人在宽限期届满后才登记的,该动产担保权人就不构成购买价金担保权,不能依据第416条取得超优先顺位。

第三,同一债务人为他人设立了购买价金担保权和其他竞存的动产担保权。虽然第416条并未明确此点,但从购买价金担保权超优先顺位的规范目的出发,不同的债务人在同一财产上为不同的担保权人分别设立购买价金担保权和其他竞存动产担保权的,购买价金担保权即不具有超优先顺位。

五、结语

中国动产担保法制具有典型的混合继受特点:动产质权和权利质权制度主要来自德国法,动产抵押制度主要来自美国法,其中还有来自英国普通法的浮动抵押制度。这无疑增加了《民法典》动产担保优先顺位规则解释适用上的难度。从《民法典》的现有规则来看,优先顺位规则虽尚未达到现代动产担保交易法所要求的明晰化程度,但已确立一般规则与特别规则共同构成的优先顺位体系,为竞存权利之间的清偿顺序的确定提供了良好的基础。同时,《民法典》将所有权保留交易、融资租赁交易和保理交易等这些非典型动产担保交易改采登记对抗主义,为其准用优先顺位的一般规则提供了解释前提。此外,购买价金担保权超优先顺位规则的引入,既考虑到了交易实践的客观需求,也符合市场主体的合理预期。不过,既定的规则模糊之处不少,还有待裁判实践的进一步检验。

所有权保留买卖的体系性反思
——担保构成、所有权构成及合同构成的纠葛与梳理

周江洪[*]

目　　次

一、担保视角下的所有权保留
二、所有权视角下的所有权保留
三、合同视角下的所有权保留

《民法典》对我国动产和权利担保相关制度进行了重大改革,这些改革以所有权保留买卖为代表,体现了功能主义与形式主义相结合的立法技术。截至目前,虽然大部分学说都承认《民法典》担保制度具备形式主义和功能主义相结合的特点,但多偏向于以功能主义的视角来解读。

---

* 作者:浙江大学教授。

从《民法典》第388条、第414条、第641—643条的规定来看,无法得出所有权保留买卖与担保制度之间的直接勾连。《民法典》第388条中并没有明确规定"具有担保功能合同"如何适用物权编担保物权的规则,故不能因所有权保留为担保合同就直接得出其能够适用或参照适用这些规则。同样,第414条第2款言明了担保物权而非担保权或具有担保功能的合同,因此也不能直接得出"所有权保留"得以适用或参照适用该款规定。第643条第2款尽管规定了保留所有权的目的在于担保价款债权实现,其所得价款应当进行清算,并非完全意义上的所有权,但也不能因此得出保留的所有权就是担保物权,相反,出卖人可自行出卖有别于抵押权的实现,体现了私人执行的色彩。另外,第642条第2款的"参照适用"也恰恰表明了保留所有权与担保物权的非等同性,并且参照的仅为程序规则而非实体规则。但多数文献仍然基于担保功能主义的视角,《担保制度司法解释》更是有力地助推了这一进程。但在《买卖合同司法解释》中,第26条保留了《合同法》时代的规则,支付价款超过75%时出卖人不享有取回权,这与在债务不履行时不管其未履行债务数额多少均得以实现的担保权构造并不相同。《担保制度司法解释》与《买卖合同司法解释》针对所有权保留的侧重点并不相同。

担保构成与所有权构成两者需要体系协调。所有权保留的担保功能虽已成共识,但再强化其功能主义,所有权保留买卖作为一种特殊的买卖合同本身不会改变,如何在功能主义的强烈光芒下妥切地回应合同交易结构及其所有权移转架构,仍然是不可避免的难题。以下则通过担保权、所有权和合同的三维视角观察,进一步厘清所有权保留的特殊性。

一、担保视角下的所有权保留

作为担保,所有权保留与动产抵押存在以下不同:第一,两者实现债权程序不同;第二,担保的债权范围不同;第三,在转让等不当处分标的物等情形中,保留所有权的出卖人得以行使取回权,而抵押人可以转让抵押财产,担保物权具有追及力,抵押权不受影响。另外,担保物权明确肯定了担保财产毁损灭失等情形的物上代位,而所有权保留是否适用物上代位规则,《民法典》未作出明确规定。

在权利行使的条件方面,所有权保留也不同于动产抵押。动产抵押所担保的债务发生不履行即可启动抵押权实现程序,但《买卖合同司法解释》第26条则明确排除了所有权保留中已支付价款75%以上情形的取回权。《民法典》第642条、第643条规定的取回权与担保物权实现程序并非两种分离的不同程序,从《担保制度司法解释》第64条的规定来看,要参照担保物权实现程序变卖拍卖标的物,需以“出卖人依法有权取回标的物”为前提,而《民法典》第642条第2款的文义,也以第1款规定的取回权发生为条件。因此,取回权的存在构成了进入担保物权实现程序的前提条件,《买卖合同司法解释》第26条是行使担保权的阻却性条款。

无论是动产抵押还是所有权保留,《民法典》均规定了“未经登记不得对抗善意第三人”。当保留所有权的动产为特殊动产时,所有权保留通过中国人民银行征信中心动产融资统一登记公示系统登记,抵押则依原有的途径予以登记;所有权保留采“人的编成”登记,抵押登记采“物的编成”登记。我国动产担保登记中采纳的“人的编成”登记及概括描述可对其他交易人产生警示功能,但因无法就特定标的物作出准确的登记,难以有效发挥公示的作用。《民法典》第641条采用与动产抵押同样的对抗规则表述,以及《担保制度司法解释》第67条试图通过“参照适用”赋予两类不同登记以同样的效力,并未有效区分两类不同的登记形态,这值得商榷。也就是说,在“人的编成”(概括描述)与“物的编成”混编且处于不同登记机关登记的背景下,用以解决担保权竞存时的权利顺位问题不会有大的障碍,“权利对抗”问题的合理性仍需要更充分的论证。

另外,《担保制度司法解释》第56条还通过“嫁接”正常经营买受人规则,将所有权保留也纳入《民法典》第404条规定的"动产抵押"范畴。所有权保留标的物的转得人究竟是适用善意取得制度还是适用正常经营买受人规则,存在一些条件构成上的不同。若以担保权来理解所有权保留,买受人转让行为类似于抵押人处分抵押物,其出让标的物并非无权处分,转得人取得标的物,再根据"正常经营活动规则"确定物上是否有担保负担。但这并不符合《民法典》的体系逻辑。所有权保留的买受人在支付完价款或完成其他义务前,对于标的物只享有占有使用收益的权能,并不享有处分权。对于所有权保留买受人的转得人来说,首先要取得标的物的所有权,始有该标的物上是否附有担保负担的问题。《买卖合同司法解释》第26条第2款正是认为所有权保留买受人并无处分权,因而采纳了以无权处分为前提的善意取得构成。或许有人会认为该司法解释只是排除了取回权,而并未就出卖人的担保权作出规定。但实际并非如此。一是如前所述,《民法典》第642条规定的"参照担保物权实现程序"以存在取回权为前提;二是按照善意取得制度的原理,同样得以消灭标的物上的负担。值得注意的是,善意取得构成在所有权买卖中具有更广泛的适用性,因为所有权保留的买受人可能并非经营者,无法适用正常经营买受人规则。可以说,所有权保留与动产抵押在第三人保护的制度配套上并不相同。

从上述对比分析可见,我国《民法典》所有权保留与动产抵押存在较大差异,并非担保物权,故不能无视"所有权"特征而直接主张其担保物权特性。

二、所有权视角下的所有权保留

从所有权视角来说,出卖人保留的所有权与通常的动产所有权之间的差别是关键。从所有权的四项权能来看,买受人享有标的物占有使用收益的权益,出卖人拥有处分权。但出卖人的处分权是否受到限制?举个例子,如果所有权保留出卖人想再行出卖标的物,其要履行买卖合同的所有权转移义务,只能通过返还请求权让与的方式予以实现。但根据所有权保留买卖的构造,出卖人并不享有返还请求权,而在所有权移转条件最终未成就时享有的是再行出卖优先受偿的权利,其再行出卖标的物实质上构成无权处分。因此,我国《民法典》的所有权保留法律构造决定了保留所有权的出卖人无法再行处分,出卖人保留的所有权与得以处分的所有权并不相同,其更多的是作为担保目的而存在。

所有权保留出卖人就标的物能否设立非占有型动产抵押,也需考量。若出卖人设立担保,其债务陷于不履行的情形时,虽然有可能妨碍买受人的占有使用收益权能,但此种情形与租赁类似,故买受人权利并不因此受到影响。但买受人可能取得完整的所有权,所以出卖人以"自己财产"设定担保物权的前提并不存在。此时出卖人为第三人设定的担保物权,类似于抵押期间标的物所有权发生了变动。此时,担保物权人应请求抵押人提存价款或提前清偿,而不能就标的物向买受人主张实现担保物权。而对于买受人不支付价款或未完成义务而难以成就所有权转移的情形,此时的出卖人处于类似实现担保物权的担保权人地位,其对于标的物的权利,类似于同一标的物上存在着数个动产担保,此时可依"未经登记不得对抗善意第三人"规则予以处理。从这层意义上来说,虽然理论上应当限制出卖人就所有权保留标的物设定动产抵押这一处分,但从我国《民法典》相关规则来看,即使赋予出卖人设定担保的处分权限,仍可以通过体系解释而不至于影响买受人权益。

与通常的动产所有权不同,未经登记的保留所有权不得对抗第三人。学理上认为出卖人保留的所有权并不需要对抗要件,原因在于其并不存在物权变动,但为了避免未经公示的隐性担保、避免"其他嗣后在标的物上设立担保物权者"的误判,《民法典》对实质上的动产和权利担保交易都增加了登记公示的要求。从立法论上来说,以占有与所有相分离导致嗣后潜在的担保物权者误判可能性为由设计登记对抗规则,理由并不充分,因为占有与所有分离的情形如借用、租赁、保管等均未规定登记对抗规则。《民法典》第 641 条导入登记对抗规则,更多的是从担保视角入手解决所有权担保功能的效力及其对抗范围,是为了解决其他债权人保护问题的优先受偿地位公示。

从以上可以看出,从本质上而言,在所有权保留买卖中的所有权,被限定为特定目的的所有权,其更多的是服务于所有权的担保功能。

三、合同视角下的所有权保留

首先需要阐明的是所有权保留的担保合同与通常的担保合同之间的不同。担保合同是主债权债务合同的从合同,而所有权保留条款构成了买卖合同的附款,并非主从合同关系,因此担保合同与主债权债务合同之间关系的相关规则,并不当然适用于所有权保留买卖。但在当事人约定完成"其他义务"作为所有权保留的条件时,所有权保留条款则可能构成其他合同的从合同。

合同视角下需要特别注意的是合同解除权问题。所有权保留条款的存在不影响出卖人的解除权。例如,当买受人未支付价款经催告仍不履行的情形,可能触发出卖人行使《民法典》第 563 条的法定解除权或《民法典》第 634 条的分期付款解除权。但此时出卖人能否行使取回权,值得考虑。在法律效果上,取回权行使时出卖人须以处分清算方式清算,而解除权行使的后果在于双方当事人均得以要求返还财产;从两者的制度目的来看,前者旨在保障价款债权或其他义务的履行,并不消灭当事人之间的合同关系,而后者在于使当事人从合同约束中解放出来。两者的效果是互斥的,所以虽然可以依出卖人的选择行使,但并不能同时行使,并且不能以取回权的存在来否定出卖人的解除权。

与解除权相关的另外一个问题是取回权的行使是否需以合同解除为前提。从我国现行规定来看,不要求取回权的行使须以合同解除为前提。

合同视角下的解除权,还会涉及取回权的相关限制是否会影响合同解除权的发生,特别是《买卖合同司法解释》第26条是否构成合同解除权的阻却性要件。第26条的规定,一是为了保护买受人取得标的物的期待,二是与分期付款买受人的保护保持平衡。由于保留所有权条款常见于分期付款买卖,不能仅因其是否附有所有权保留条款而对解除效果作相异处理。并且,若允许出卖人行使解除权,将因解除权的行使而架空第26条的规制目的。因此,《买卖合同司法解释》第26条第1款之情形,应当排除出卖人解除权的行使。

合同视角的所有权保留,还会面临风险负担规则适用的问题。出卖人交付标的物后,即使未移转所有权,其风险亦由买受人承受,买受人仍负有价款给付义务。标的物灭失时关于买受人是否因出卖人所有权转移义务履行不能而享有法定解除权,通常来说,应由债权人承受风险的情形,当限制其解除权而适用风险负担规则。另外,出卖人因标的物已灭失,也无法行使取回权。有论者认为出卖人无法取回标的物并不影响其参照适用担保物权规则就灭失标的物的代位物享有优先受偿权。但是,出卖人作为所有权人,其本身就标的物灭失的代偿物享有请求权,但该请求权受到所有权担保目的的限制,请求权范围限于价款担保范围之内。所有权保留的情形并不能简单套用担保物权的物上代位原理予以处理。

以合同视角的观察,还有可能涉及取回权行使后的遗留问题。出卖人行使取回权并再行出卖,本质上是通过所有权保留的担保功能实现价款债权,如同买受人支付了标的物价款,已完全履行了买卖合同上的对待给付义务。此时买受人能否以自身已履行价款支付义务为由要求替代原定给付义务的违约损害赔偿? 这是一个吊诡的命题。我国《民法典》的违约损害赔偿采用严格责任原则,只有不可抗力等有限的事由始得以免责。此时可能的解释之一是认为所有权移转附停止条件,该条件属于任意条件,能否达成完全依赖买受人是否支付价款或完成其他义务,出卖人已完成了买卖合同项下为履行义务所应当做出的所有事项,其不再负有买卖合同项下的义务。并且,作为附停止条件的所有权保留,在一定程度上可参照适用《民法典》第159条规定,认为所有权移转的条件未能成就是买受人"不正当地阻止条件成就",进而认为条件已成就。

综上,在《民法典》背景下的所有权保留虽然进一步强化了担保功能,但在所有权保留的交易结构中,所保留的所有权既不是纯粹的、完全功能化的担保物权,也不同于动产所有权。无论是内部体系还是外部体系,都不应简单地将保留的所有权视为担保物权或所有权,而应根据相应的制度目的分别考虑所有权保留交易结构中的何种特性起决定性作用。

中国民法典中的债权人代位权制度改革

龙　俊[*]

目　　次

一、代位权客体范围的扩张
二、简易债权回收规则和限定性入库规则的确立
三、结语

一、代位权客体范围的扩张

中国民法典在合同编的一项重要改革是改变了代位权的客体范围以及行使代位权的法律效果。

《合同法》第 73 条规定代位权的行使客体是"到期债权",《合同法司法解释一》更是将之限定为"具有金钱给付内容的到期债权",进一步限缩了代位权的客体范围。这种严格限制主要是基于历史原因,当初在《合同法》中设置代位权制度,主要目的就是解决"三角债"问题,即解决多个以给付金钱为内容的债之循环。有观点从实质的角度赞同中

---

* 作者:清华大学法学院长聘副教授。

国司法解释的做法,理由在于,对非金钱给付内容的权利行使代位权对于债权的保障意义不大且程序复杂,并有过多干预债务人权利之嫌,故合同法解释将代位权的标的限定在具有金钱给付内容的债权,债务人的其他权利不得作为代位权的标的。相反,也有观点认为《合同法》在这一问题上存在法律漏洞,只要是债务人的到期权利都可以代位行使,应该通过目的性扩张予以填补。

从比较法上看,日本法中只要是以责任财产的保全为目的,适合用来作为共同担保的保全的权利,都可以作为代位权的行使对象。不仅常规的债权、物权可以作为代位权的行使对象,以下权利也可以代位行使:(1)形成权。比如,第三人利益合同中受益的意思表示、解除权、买回权、抵消权、时效援引权,等等。(2)公法上的权利。如登记申请权。(3)诉讼法上的权利。例如,诉讼的提起、强制执行的申请、第三人异议诉讼的提起,等等。(4)保全性的权利。如债权人代位权和债权人撤销权本身也都可以代位行使。

与比较法的通行做法相比,中国《合同法》及其司法解释将代位权的行使客体仅限于到期金钱债权,实在过于狭窄。实际上,此点弊端已经在中国司法实践中显现。在最高法院提审的案件中,法院为了将债务人对次债务人的权利转化为到期金钱债权,甚至以一个牵强的理由将债务人和次债务人之间的合同认定为无效,从而产生不当得利返还请求权(到期金钱债权)作为代位权的客体。尽管从结果上看法院的判决大体是妥当的,但是此路径"干预债务人权利"的程度之剧烈远胜扩张代位权的客体范围。也就是说,原本是出于避免过度干预而采取的保守立法模式,为了实现个案正义却导致了更加激进的结果。由此可见《合同法》及其司法解释的规定已经不能顺应时代的发展了。实际上很多地方法院已经在立法和司法解释未改动的前提下,自行扩张代位权的客体范围,例如:

1. 扩张到特定物债权。中国代位权司法实践中常出现的争议案例类型是,请求过户房屋所有权或者请求交付房屋的债权是否属于代位权的客体范围? 从性质上看,这些债权属于特定物债权而并非金钱债权,按照《合同法》的规定属于代位权的客体范围,但是按照《合同法司法解释一》的进一步限制则不属于法定的代位权客体范围,然而不少地方法院判决可以行使代位权。

2. 扩张到担保物权。中国代位权司法实践中另一大类常出现的争议案例类型是,虽然被代位的客体是到期金钱债权,但是附属于债权的担保物权是否属于代位权客体范围?严格按照《合同法》以及《合同法司法解释一》的文义解释,担保物权不属于代位权的客体;然而如果依据从权利随主权利的原则,那么担保物权作为主权利的从权利,应该一并作为代位权的客体。中国司法实践中已经有大量判决依据前述"从随主"的原则肯定了担保物权属于代位权客体范围。

3. 此外,中国司法实践中也有少量案件涉及形成权能否作为代位权的客体范围。

这次民法典的编纂正是考虑到了司法实践的需求,明文扩张了代位权的客体范围。《民法典》第535条所称"债权"不再限于"金钱债权",特定物债权可以作为代位权的客体,自不待言。值得说明的是,该条用的是"与该债权有关的从权利"而非"债权的从权利"的表述,也就是说客体范围包括但不限于"狭义之债的从权利","广义之债的从权利"也被囊括其中。不仅担保物权可以作为代位权的客体,而且基于合同产生的解除权等形成权也可以作为代位权的客体。

二、简易债权回收规则和限定性入库规则的确立

《民法典》第537条的第一句继承了《合同法司法解释一》的规定:"人民法院认定代位权成立的,由债务人的相对人向债权人履行义务,债权人接受履行后,债权人与债务人、债务人与相对人之间相应的权利义务终止。"然而原本司法解释中该条的正当性就存在巨大的争议。反对意见认为,债权人代位权制度的目的在于保全债务人的责任财产,因此代位权行使的后果应当归属于债务人,而不能直接归属于债权人。这一理解也被称为"入库规则",所谓"库"指的就是债务人的责任财产。司法解释允许债权人直接接受债务人的相对人对其履行,被认为违反了入库规则。进一步而言,让债权人直接接受债务人的相对人的履行会使该债权人事实上拥有了一个优先效力,使得代位权行使后,债务人的其他债权人无法就被取回的财产与行使代位权的债权人竞争。因此很多学者支持入库规则,实际上是为了维护债权的平等性原则。但是也有观点赞成司法解释的规定,认为其符合效率原则。如果严格贯彻入库规则,那么债权人行使代位权之后,效果直接归属于债务人。如果债务人还有其他的债权人,那么其他的债权人可能因此而"搭便车"。行使代位权的债权人"累死累活"好不容易把财产拿了回来,立刻就被债务人的其他债权人主张瓜分。因此,入库规则不利于鼓励债权人积极维护自己的权利,保护了"权利沉睡之人",被认为是一种不效率的制度。

上述两种观点在中国学术界一直对立。这次民法典编纂过程中,2018年8月公布的《民法典各分编草案》(一审稿)第326条刚出现时,就被支持入库规则的学者广为反对。然而从2019年12月的《中华人民共和国民法典(草案)》开始,第537条就增加了第二句话:"债务人对相对人的权利被采取保全、执行措施,或者债务人破产的,依照相关法律的规定处理"。因为民法典进一步将"权利"修改为"债权或者与该债权有关的从权利",所以该句最终的表述改为"债务人对相对人的债权或者与该债权有关的从权利被采取保全、执行措施,或者债务人破产的,依照相关法律的规定处理"。为何民法典在面对争议时增加第二句,其意义为何?

要厘清这一问题,我们有必要将目光移至我们的近邻日本,看一看日本在近来的债法改革当中如何处理这一问题。

依据日本新修订的民法第423条之三的规定,在被代位权利的内容是支付金钱或者交付动产时,债权人可以直接请求相对人向自己履行。日本民法之所以区分金钱、动产和不动产,是因为如果在金钱或者动产中也严格奉行入库规则,那么代位权人行使代位权后,将金钱或者动产交给债务人,债务人未必会为了债权人而保全这些财产,有可能债务人将这些金钱或者动产花光或者隐藏起来。为了避免这种情况的发生,日本民法允许债权人可以直接就金钱或者动产要求次债务人对自己清偿。由于承认了就金钱和动产的简易债权回收,所以既然回收回来的金钱或者动产应当归属于债务人,那么相当于债务人对于代位权人就有了一个要求返还金钱或者动产的债权(不当得利),此债权会和代位权人保全的债权抵销,相当于赋予了债权人一种事实上的优先受偿权。但是不动产的情况则不同,只要将不动产移转到债务人的名下,那么就足以保全债务人的责任财产。债务人无法迅速将不动产销毁或者隐匿,只要债权人再向债务人提起强制执行,就可以实现债权人的债权。

值得注意的是,在日本一旦债务人陷入破产,那么债权人就无法行使债权人代位权,并且依据日本破产法第45条,即使债权人在债务人破产程序启动前便行使债权代位权,也会因为破产程序的开启,由破产管理人管理债务人的债权。并且,由于日本破产法第71条第1款的规定,出现以下两种情况时抵销将被视为无效:第一种情况是,破产债权人在破产人停止支付的情况下而负担债务,且破产债权人对此知情的,此时抵销无效;第二种情形是,破产申请人在破产人申请启动破产程序后,对破产人负担债务,且破产债权人对此知情的,抵销无效。在符合上述条件的情况下,债权人必须将第三债务人偿还给自己的金钱,全部退还给破产管理人。既然日本代位权行使产生的优先效力的源泉来自抵销,那么自然也要受到破产抵销的限制,因此在破产程序中,因代位权产生的事实上的优先效力实际上就被否定了,相当于在此时仍然承认了入库规则。笔者称这种在特定情形下才承认的入库规则为"限定性入库规则"。

笔者认为日本在动产和金钱领域采取的简易债权回收规则和限定性入库规则,非常好地平衡了效率和公平的关系:在债务人尚未进入破产等强制执行等程序时,赋予代位权人简易回收债权的功能;当行使代位权的债权人和债务人的其他债权人真正形成"生死相搏"时,又否定代位权人的优先受偿效力。从而既避免了无限度地"搭便车",又在最重要的关头维护了债的平等原则。这种精妙的平衡值得我们借鉴。

并且进一步而言,日本在不动产领域没有采取此方案,关键原因在于日本实现这一平衡而借助的理论工具是抵销制度,在不动产领域很难通过抵销解释债权人的事实优先权。但是假如我们在制度设计的时候,直接通过法定的规范将二者的平衡实现,不再借用抵销制度,那么这一平衡的思路也就没有必要仅局限于金钱和动产领域,即使扩张适用到不动产领域,理论上也能自洽。此外,日本在不动产领域不承认代位权人的简易债权回收功能的另一个原因在于,这样会出现"中间省略登记",即绕过债务人让不动产直接从债务人的相对人那里转移到债权人那里。由于日本不动产物权变动采取的是意思主义加登记对抗的模式,"中间省略登记"的出现会让登记簿的记载不连续,被认为违反了物权变动的真实状态而不被学界认可。然而中国在最常见的不动产——城市房地产中采取的物权变动模式是登记生效主义,即使出现"中间省略登记"也和真实的物权变动状况完全吻合,司法实务中也并不排斥"中间省略登记",因此"中间省略登记"本身在中国不是问题。当然,这并不是说中国在一切案件中都可以无条件地适用"中间省略登记",这一模式实质上的弊端在于两点:一是可能忽略了中间环节的抗辩,从而让链条中的一方当事人权利受损;二是可能损害中间环节的人的其他债权人的利益。然而这两个问题在代位权中都不是问题。对于第一点,代位权成立的前提就在于债权人对债务人有到期债权,债务人对第三人有到期权利,这两个权利法院都要审理的,任何一方有抗辩在诉讼程序中都可以主张,并不会被忽略。对于第二点,这与动产和金钱并无任何不同,通过限定性入库规则就可以很好地平衡。

三、结语

综上所述,笔者认为《民法典》第537条,一方面规定了代位权行使可以让债权人直接接受债务人的相对人的履行,并且这里可以接受的履行并不限于动产和金钱的交付,也可以是不动产的登记,相当于全方位地承认了代位权的简易债权回收效果。并且《民法典》并不借助抵销制度的解释实现限定性的入库规则,而是直接在第 537 条的第二句规定:"债务人对相对人的债权或者与该债权有关的从权利被采取保全、执行措施,或者债务人破产的,依照相关法律的规定处理。"直接通过法定的形式,否定了在强制执行程序以及破产程序当中代位权行使后果的优先效力。

效率减损视角下的不履约风险救济

陈韵希*

目　　次

一、问题的提出
二、履行期前拒绝履行制度的减损作用
三、违约方解约止损决定(＝拒绝履行)符合效率时的法律应对
四、违约方无法适时决定解约止损情形下的法律应对
五、效率减损视角下《民法典》不安抗辩权和预期违约制度的解释适用
六、将来的课题

一、问题的提出

违约方能否解除合同,是近年来中国民法学界较为关注的话题。实践中,此类问题多发生在经营场所的租赁合同纠纷中。当承租方因经营亏损等导致履行困难希望提前解约,而出租方拒绝解约并要求继续履行,双方僵持不下时,许多法院的判决是解除合同,要求违约方以

---

* 作者:上海交通大学凯原法学院副教授。

赔偿损失来替代继续履行。典型案例①如下:

2015 年 7 月,X 与 Y 签订了《租赁合同书》,约定 X 将自己所有的商铺出租给 Y,租赁期限至 2024 年年底。合同签订后,X 依约将商铺交付 Y 使用,Y 亦如期支付了 2015 年、2016 年租金。后 Y 因经营不善致亏损严重,于 2016 年 9 月向 X 发出《解除合同函告》。因双方就合同解除问题未达成一致意见,X 诉至法院,请求法院判令 Y 继续履行租赁合同,按照合同约定租赁期限支付租金。Y 辩称案涉合同已经解除,请求法院驳回原告的诉讼请求。

一、二审判决要旨:Y 已明确表示且以自己的行为表明不再继续履行,客观上已无继续履行的实际基础;且案涉商铺位于闹市区,现在被撤场闲置,这种状况不仅使双方当事人的利益受损,还造成社会财富的极大浪费。从节约司法成本、减少当事人诉累及未损害双方当事人权利等情况综合考虑,依照合同法第 110 条第 2 项有关履行费用过高的规定,判令解除双方间的租赁合同,允许 Y 用赔偿损失代替继续履行。由于 X 在收回房屋后经过合理期间亦可出租收益,故酌情确定 Y 赔偿 X 自合同解除之日起 6 个月的租金损失。

上述判决的着眼点是节约资源,减少浪费。这一有关经济方面的考虑,正是违约方解除在司法实践中受到认可的重要原因。随着《民法典》第 580 条第 2 款增设"违约方申请解除权",违约方解除发挥减损作用有了更明确的法律依据。中国的司法和立法对违约方解除的肯定,引发了本人的思考:所谓违约方解除,本质上即是履行期前拒绝履行,亦即典型意义上的预期违约;既然违约方解除发挥减损的经济功能受到了肯定,那么预期违约制度的运用是否也能发挥同样的作用? 如果答案是肯定的,则我们为了使制度更好地发挥这一功能,应当对预期违约乃至整个不履约风险救济制度(第 527、528、578 条)作出怎样的法律解释?

---

① (2018)陕 01 民终 8918 号、(2018)陕 0113 民初 3246 号。

二、履行期前拒绝履行制度的减损作用

履行期前拒绝履行制度作为不履约风险救济体系的核心，重点在于认可守约方在拒绝履行方履行期届满之前，可立即主张损害赔偿。根据早期英国判例的观点，提前赋予守约方救济的一个重要原因是，这样做有助于减轻违约方应承担的违约责任。

但是为何违约方的减损需求能成为法律对守约方提供早期救济的正当化依据？论及此点的主要是法经济学者。他们认为，把履行期前拒绝履行当作一种现实违约处理，在减损义务的配合下，就使得违约方可以提前要求对方中止信赖投资，有效降低违约成本，从而更好地做出有效率的违约决定。即履行期前救济能促进效率违约。在中国，效率违约能否成为要求守约方提前减损的理论依据？效率违约的要义是，当违约方的违约获益大于守约方的违约损失时，违约方在完全赔偿对方损失的前提下违约，既不会损害对方利益，又能改善自身处境，能实现帕累托改进，故应受到法律认可。中国学术界普遍认为效率违约违反道德，应受到批判。然而其批判的对象主要是"逐利型违约"（为了争取更好的生意机会而违约），并不是针对"止损型违约"（为了避免更大的损失而违约，违约方解除问题的主要发生情形）；相反，当缔约后的情况变化致使一方当事人的继续履行将造成预期外的重大损失时，根据情况适时止损符合商人的理性判断，如果能充分保障对方的利益，也不至于违背人们的道德观念。况且，认可"止损型违约"对双方都有好处（在互帮互助的前提下双方更易达成合同），也符合《民法典》第9条所确立的"绿色原则"（节约资源）。因此，就"止损型违约"而言，强调适时违约以降低双方的共同损失是有意义的，本报告也仅针对这一种违约类型。除了是否符合道德的问题外，效率违约理论的最大问题是，效率违约是否真的"效率"？一方的违约决定要符合效率，前提是违约方完全赔偿对方的违约损失；而在现实中，由于损害赔偿存在"系统性赔偿不足"问题，违约方也不一定确知对方的预期利益，所以在很多情况下违约方的违约决定实际上并不符合效率。这就需要我们区分不同情形分析"止损型违约"究竟是否效率，并根据不同情况，探讨法律应如何

激励合同双方实现效率减损。

三、违约方解约止损决定(=拒绝履行)符合效率时的法律应对

(一)违约方解约止损决定(=拒绝履行)符合效率的条件

就合同标的提供方的拒绝履行而言。如果合同标的具有高度替代性,且违约方具备赔偿能力和赔偿意愿,则法院也好违约方也好,一般都能对守约方的违约损失进行较为准确的判断,损害赔偿也能确保守约方的损失得到充分填补,故违约方的解约止损决定有望符合效率。

就合同标的接收方的拒绝履行而言。由于违约给守约方造成的损失通常是其本应获得的金钱及其利息,并不存在计算上的困难,故一般而言,违约方如具备足够的赔偿能力和赔偿意愿,就能做出符合效率的解约止损决定(如服务合同中的任意解除权)。

(二)激励守约方采取减损措施的方法

既然违约方在上述情况下能够单方面做出有效率的解约止损决定,那么出于效率减损的考虑,守约方就应当配合前者决定采取减损措施,该措施主要包括安排替代交易和终止履行对待给付义务。

在法律运用层面,应如何促使守约方减损?首要的一点应当是排除守约方的履行请求权,使其无法执着于原合同的履行,转而另行安排替代交易以达到交易目的。在中国法框架下,要排除履行请求权,有如下三种可能的方法,一是对守约方课以"解除义务",二是赋予违约方申请解除的权利(《民法典》第 580 条第 2 款),三是赋予违约方针对履行请求权的抗辩(《合同法》第 110 条)。三者之中,第一种方法最直接但问题也较为突出:解除权既然是守约方的权利,守约方就理应能够自由决定是否以及何时解除,根本无须配合违约方的减损需求。后两种方法不存在这样的问题,但又满足不了减损"及时性"的要求:违约方申请解除需通过诉讼,耗费时间(如上述案件中,承租人要求解约两年后法院才判决解除合同,其间房屋一直空置);至于针对履行请求权的抗辩,因违约方无法仅根据一项抗辩而主动且确定性地消灭合同关系,守约方同样可能因合同关系的存续而拒绝及时减损。如此看来,仅排除履行请求权是不够的,为了促使守约方"及时"减损,还有必要采取进一步

措施,这就是结合替代交易价格和合同标的的市场价格来确定守约方的损害赔偿额。具体而言:(1)如果守约方在得知拒绝履行后立即安排了替代交易,就可要求违约方就替代交易价格和原合同价格之间的差价进行赔偿。(2)如果替代交易是在拒绝履行后过了一段时间才实施,则守约方要主张差价赔偿,就必须证明其等待时间是合理的。(3)假若守约方没有在合理时间内安排替代交易,原则上就应当以守约方得知拒绝履行时的市场价格和合同价格的差价计算赔偿额。(1)是对守约方及时减损行为的肯定,(2)(3)则是为了激励守约方尽早采取行动。

四、违约方无法适时决定解约止损情形下的法律应对

虽然拒绝履行在完全赔偿的前提下有望实现效率减损,但现实中这一前提并不一定能得到满足。当损害赔偿难以完全填补守约方的违约损失时,违约方因能向对方转嫁违约成本,就难以做出符合效率的解约止损决定。

导致不完全赔偿的一个原因是违约方欠缺支付能力。在此场合,违约方因赔偿能力受限,实际上无须负担全部违约成本;而且,由于随着时间推移,违约方的实际赔偿能力和守约方损失之间的缺口会逐渐扩大,故违约方越是推迟解约,就越能转嫁损失。所以,违约方出于自利的考虑,很有可能出现过度冒险的倾向并拖延解约。

导致不完全赔偿的另一个原因是守约方的损失难以证明或计算。这多发生在合同标的缺乏替代性的场合。损失估算的难度会阻碍违约方对守约方损失的充分预估和负担,从而导致其过于草率、频繁地违约。

因此,在不完全赔偿风险较为明显的场合,就不能任由违约方单方面决定解约,法律应当给予守约方否定对方错误违约决定的手段,包括(1)在违约方有拖延解约止损的倾向时,为守约方提供自主减损的渠道,以及(2)在违约方有过早拒绝履行的倾向时,允许守约方拒绝减损。所谓守约方自主减损的渠道,如中国法上的不安抗辩权制度(第527、528条),其允许守约方通过履行"停止履行+通知对方+对方不提供担保"的程序,提前解除合同。至于守约方拒绝减损的方法则包括两种,

一是行使履行请求权以坚守合同关系,二是要求违约方就实际损失进行全额赔偿,也即在损害赔偿基准的问题上采取较为灵活且有利于守约方的多元化标准。

当然,或许会有人说,如果违约方继续履行的损失确实大大高于守约方的预期利益,因损失的证明、计算存在困难就一概否定守约方的减损义务,既可能造成资源浪费,也可能导致守约方滥用权利"敲竹杠"。不可否认这确实是一个问题,但并非不可解决。尽管守约方不应负有减损的法定义务,但双方可以通过事先或事后的协商,就中途解约、减损责任的分配以及损失的赔偿等问题做出自主安排。而且为了防范守约方的机会主义行为,事先拟定解约条款比事后协商解约或许更为妥当。因此,否定守约方的减损义务并非完全否定了"止损型违约"的可能性,只是要求合同双方通过协商来安排解约事宜,这在交易成本允许的情况下,也不失为一个应对不履约风险以及不完全赔偿风险的可行方法。

五、效率减损视角下《民法典》不安抗辩权和预期违约制度的解释适用

(一)关于预期违约和不安抗辩权的适用界分

如何合理区分两项制度的适用范围,一直是中国民法学术界较为关注的问题。有的学者认为区分标准是不履约风险产生的原因类型,有的则认为是不履约风险的确定性程度大小。本人认为,既然预期违约制度是由违约方主导的解约,而不安抗辩权制度是由守约方主导的解约,那么两者区分问题的本质便是,如何在合同双方之间合理配置早期合同解除权。从激励双方有效率地解约止损的角度出发,对这一问题的回答,关键取决于违约方能否真正负担所有的违约成本。若能做到这一点,就不妨允许违约方取得早期解除权;否则就有必要将该权利让予守约方,由守约方自由决定是提前解除合同还是继续执行合同。具体而言,两项制度的适用范围如下:

1. 就预期违约而言,当合同一方于履行期前拒绝履行时,通过综合考虑合同内容、标的种类、守约方身份属性、违约方的交涉态度等情况,

可以判定确实发生了预期外的重大履行障碍,守约方有明显减损优势且又有望获得完全赔偿,就应要求守约方在合理期间内着手减损;若情况表明损害赔偿难以完全填补守约方的损失,则其可以拒绝解约并要求违约方继续履行,或者待履行期到来后再结合具体情况提出赔偿主张。

2. 就不安抗辩权而言,其适用应满足如下条件:一是缔约后出现的新情况或获取的新信息导致或揭示了不履约风险,二是将来发生不履约的高度盖然性和不履约性质的严重性,三是不完全赔偿风险的存在。若三者不能同时满足,即使守约方对合同履行抱有疑虑,也不能随意中止履行或解除合同。

(二)守约方有望完全获赔情况下预期违约的法律效果

当拒绝履行有望实现效率减损时,激励守约方及时减损的有效方法是"履行请求权的排除+损害赔偿计算方法的限定"。应该说损害赔偿计算方法的限定不是大问题,因为尽管《民法典》第584条没有就此作出明文规定,但将二者作为赔偿额标准的做法,在中国学术界和司法实践中均受到了认可和应用。

难点是履行请求权的排除。根据《民法典》第528、578条,一方当事人构成预期违约时,对方可追究其违约责任。由于继续履行和损害赔偿均属于违约责任的承担方式(第577条),故根据《民法典》的规定,守约方完全有权坐等履行期到来后再要求继续履行,并拒绝采取任何减损措施。本人认为,如果违约方会因继续履行而遭受预期外的重大损失,而对方既能以明显较小成本安排替代交易又能获完全赔偿,那么允许后者固守合同关系,将构成过度保护,又可能引发履行请求权被机会主义滥用的风险。所以针对上述情形,本人主张灵活适用第580条第1款第2项的"履行费用过高"规则,对守约方的履行请求权进行排除,也即在解释履行费用"过高"的比较对象之"债权人利益"时,将守约方从事替代交易的成本纳入其中。不过,第580条仅针对非金钱债务而言,根据第579条,如果是金钱债务的债务人拒绝履行,对方完全可以继续履行对待给付并要求支付价款。例如,本文开头所举案例,若严格依照第579条,出租人可以不收回商铺,并要求承租人支付全部租金。显然这看起来是不经济的。对此情形,可以根据诚信原则抑或是扩大适用减损规则(第591条),对守约方的对价支付请求权进行限制。换言之,守约方不可待至履行期届满后主张价款支付,而只能解除合同,在进行替代交易的前提下主张差价赔偿,或者不进行替代交易而径直主张损害赔偿。

六、将来的课题

本报告主要从效率减损视角出发,对不履约风险救济制度的效果问题进行了初步的探讨。但实际上还有许多问题留待更为细致的考察和讨论,比方说效率减损和合同严守的关系(二者应当是可以相容的)、中国法语境下履行请求权和填补损害赔偿请求权的关系、民法典合同编分则中任意解除权的问题;等等,这些都是本人将来想继续思考的课题。

附:

民法典相关条文

不安抗辩权	第527条 应当先履行债务的当事人,有确切证据证明对方有下列情形之一的,可以中止履行: (一)经营状况严重恶化; (二)转移财产、抽逃资金,以逃避债务; (三)丧失商业信誉; (四)有丧失或者可能丧失履行债务能力的其他情形。 当事人没有确切证据中止履行的,应当承担违约责任。
	第528条 当事人依据前条规定中止履行的,应当及时通知对方。对方提供适当担保的,应当恢复履行。中止履行后,对方在合理期限内未恢复履行能力且未提供适当担保的,视为以自己的行为表明不履行主要债务,中止履行的一方可以解除合同并可以请求对方承担违约责任。
预期违约 (期前拒绝履行)	第578条 当事人一方明确表示或者以自己的行为表明不履行合同义务的,对方可以在履行期限届满前请求其承担违约责任。
违约责任的承担	第577条 当事人一方不履行合同义务或者履行合同义务不符合约定的,应当承担继续履行、采取补救措施或者赔偿损失等违约责任。

履行请求权	金钱债务	第579条 当事人一方未支付价款、报酬、租金、利息,或者不履行其他金钱债务的,对方可以请求其支付。
	非金钱债务	第580条 当事人一方不履行非金钱债务或者履行非金钱债务不符合约定的,对方可以请求履行,但是有下列情形之一的除外: (一)法律上或者事实上不能履行; (二)债务的标的不适于强制履行或者履行费用过高; (三)债权人在合理期限内未请求履行。 　　有前款规定的除外情形之一,致使不能实现合同目的的,人民法院或者仲裁机构可以根据当事人的请求终止合同权利义务关系,但是不影响违约责任的承担。
		《合同法》第110条 当事人一方不履行非金钱债务或者履行非金钱债务不符合约定的,对方可以要求履行,但有下列情形之一的除外:(一)法律上或者事实上不能履行;(二)债务的标的不适于强制履行或者履行费用过高;(三)债权人在合理期限内未要求履行。
违约损害赔偿		第584条 当事人一方不履行合同义务或者履行合同义务不符合约定,造成对方损失的,损失赔偿额应当相当于因违约所造成的损失,包括合同履行后可以获得的利益;但是,不得超过违约一方订立合同时预见到或者应当预见到的因违约可能造成的损失。
减损义务		第591条 当事人一方违约后,对方应当采取适当措施防止损失的扩大;没有采取适当措施致使损失扩大的,不得就扩大的损失请求赔偿。 　　当事人因防止损失扩大而支出的合理费用,由违约方负担。
服务合同中的任意解除权(典型例)		第787条 定作人在承揽人完成工作前可以随时解除合同,造成承揽人损失的,应当赔偿损失。
		第933条 委托人或者受托人可以随时解除委托合同。因解除合同造成对方损失的,除不可归责于该当事人的事由外,无偿委托合同的解除方应当赔偿因解除时间不当造成的直接损失,有偿委托合同的解除方应当赔偿对方的直接损失和合同履行后可以获得的利益。

浅论中国《民法典》导入的离婚冷静期制度

宇田川　幸　则[*]

目　　次

一、导言
二、登记离婚手续的变迁
三、离婚件数的推移
四、离婚件数激增的应对
五、离婚冷静期的立法过程
六、代结语

一、导言

中国《民法典》婚姻家庭编第 1077 条第 1 款规定:"自婚姻登记机关收到离婚登记申请之日起三十日内,任何一方不愿意离婚的,可以向婚姻登记机关撤回离婚登记申请。"自婚姻登记机关收到离婚登记申请

---

* 作者:名古屋大学教授。

之日起的三十天,在中国一般被称为"离婚冷静期"①。

综合人大法工委的立法说明②以及民法典起草、编纂工作的负责人主编的释义③(以下称为释义)所示的离婚冷静期导入的背景,由于①离婚登记的手续简化、简便化,②增加登记离婚件数,③其中为冲动型、轻率型、草率型离婚所占的比例较大,④这对社会造成了负面影响,⑤为了减少登记离婚件数、特别是草率离婚件数,民法典上规定了离婚冷静期。

本报告按①登记离婚相关手续的变迁、②离婚件数的推移、③婚姻登记机关及法院离婚件数激增的应对、④离婚冷静期的制定过程的顺序探讨在民法典中引进离婚冷静期制度的经过及其目的。

二、登记离婚手续的变迁

自新中国成立到民法典颁布施行之间,调整婚姻关系的法律有1950 年婚姻法④、1980 年婚姻法⑤以及 2001 年婚姻法⑥;配套规定有

① 黄薇主编:《中华人民共和国民法典释义及适用指南》,中国民主法制出版社2001 年版;王晓琳:《婚姻家庭编草案:构建和谐稳定的婚姻家庭制度》,载《全国人大》2020 年第 2 期,第 17 页等。

② 全国人大常务委员会《关于〈民法典各分编(草案)〉的说明》(十三届全国人大常务委员会第五次会议、2018 年 8 月 27 日)第 8 页。

③ 黄薇主编:《中华人民共和国民法典释义及适用指南》,中国民主法制出版社2001 年版;王晓琳:《婚姻家庭编草案:构建和谐稳定的婚姻家庭制度》,载《全国人大》2020 年第 2 期,第 1626 页等。

④ 1950 年 4 月 13 日公布,同日施行。中央人民政府法制委员会编,《中央人民政府法令汇编(1949—1950)》,法律出版社 1982 年版,第 35 页以下,http://www.npc.gov.cn/wxzl/wxzl/2001-05/30/content_136774.htm。

⑤ 1980 年 9 月 10 日公布、1981 年 1 月 1 日施行。中华人民共和国国务院公报 1980 年第13 期,第 385 页以下,http://www.npc.gov.cn/wxzl/wxzl/2000-12/11/content_4394.htm。

⑥ 中华人民共和国国务院公报 2001 年第 21 期,第 8 页以下,http://www.npc.gov.cn/wxzl/wxzl/2001-03/05/content_123898.htm。

1955 年婚姻登记办法⑦、1980 年婚姻登记办法⑧、1986 年婚姻登记办法⑨、1994 年婚姻登记管理条例⑩以及 2003 年婚姻登记条例⑪。

其中,1994 年的婚姻登记管理条例实施前,法律法规规定男女双方须到婚姻登记机关申请离婚,婚姻登记机关查明双方确实是自愿并对子女和财产问题确有适当处理时,发给离婚证(1950 年婚姻法第 17 条第 2 项、1980 年婚姻法第 24 条),但没有规定要审查离婚登记申请。

但是,虽没有法律法规的明文规定,申请登记离婚时,男女双方必须将自己的单位或居民委员会、村民委员会出具的介绍信⑫(证明离婚是基于本人自愿,并委托婚姻登记机关办理手续的文件,以下称为介绍信)交给婚姻登记机关⑬,这实际上是离婚手续的一个门槛。除了婚姻登记机关的审查之外,还被自己的单位、居委会、村委会询问离婚的理由等(为了出具介绍信,即为了离婚必须向他们不遗漏全部说出来),可以说是进行了双重审查。而且被称为"档案"⑭的文件中记录了出生阶级成分、出生后的所有个人信息和政治行为记录,据说离婚的事实在以后的各个方面都有影响,这也使得对离婚犹豫了。这些事情被认为是

---

⑦ 1955 年 6 月 1 日公布、同日施行。《中华人民共和国国务院公报》1955 年第 9 期,第 329 页。

⑧ 1980 年 11 月 11 日公布、同日施行。《中华人民共和国国务院公报》1980 年第 18 期,第 582 页。

⑨ 1986 年 3 月 15 日公布、同日施行。《中华人民共和国国务院公报》1986 年第 7 期,第 183 页。

⑩ 1994 年 2 月 1 日公布、同日施行。《中华人民共和国国务院公报》1994 年第 3 期,第 24 页。

⑪ 2003 年 8 月 8 日公布、同年 10 月 1 日施行。《中华人民共和国国务院公报》2003 年第 26 期,第 9 页。

⑫ 单位、居民委员会、村民委员会出具的介绍信除了离婚之外,在旅行、住宿、转职、结婚、领养等方面也是必要的,单位、居委会、村委会通过介绍信对其成员的行动进行统制和控制。参见:高见泽磨＝铃木贤＝宇田川幸则＝坂口一成《现代中国法入门(第 8 版)》(有斐阁,2019 年)(以下简称"入门"),第 265 页。

⑬ 杨立新、蒋晓华:《对民法典婚姻家庭编草案规定离婚冷静期的立法评估》,载《河南社会科学》第 27 卷第 6 期(2019 年),第 36 页;马忆南:《离婚冷静期是对轻率离婚的限制和约束》,载《妇女研究论丛》2020 年 7 月,第 105 页。

⑭ "入门"第 265 页。

在抑制整个离婚申请的方向上作用的。

1994年婚姻登记管理条例实施后,从名称上加上"管理"两个字来看,婚姻登记(结婚登记及离婚登记)的管理方面得到全面推进。婚姻登记机关的名称也被改为婚姻登记管理机关,新设监督管理的一章(第5章)等,让婚姻登记管理机关负责对婚姻的实质性管理。另外,明确规定了至今为止没有明文规定的介绍信的提交(第14条第5项)。

此外,婚姻登记管理机关对离婚登记申请的审查在明文中规定(第16条),从申请之日起1个月内判断是否允许离婚(离婚审查期间)。值得注意的是,引入离婚审查期间的目的之一是"可使当事人有机会再次冷静考虑自己的婚姻大事,避免草率结婚、草率离婚"⑮。

2003年10月1日开始施行婚姻登记条例。从法律名称和正文中都删去了"管理"两个字。由此也可以看出,"国家的服务意识的增强和管理意识的淡化"⑯的背景。介绍信的提交也不需要了。其最大的理由是由于人口流动性的提高,通过单位来控制的困难(即单位社会的崩溃)⑰。而且,有关离婚登记申请审查的规定全部被删去了。

另外,婚姻登记条例中也有对离婚登记当事人出具的证件、证明材料进行审查的规定(第13条),但仅限于形式审查而已,不进行与离婚许可、不许可相关的实质审查⑱。

2003年修改婚姻登记条例之后的"手续的简便化"被认为"婚姻登记完全属于民事法律行为,尽量减少、淡化行政管理的色彩","体现了

⑮ 胡平、周学玉:《我国当前婚姻登记工作存在的主要问题及对策》,载《现代法学》1989年第4期,第50页。

⑯ 曹飞:《对婚姻登记条例修改的反思》,载《湖北职业技术学院学报》第7卷第1期(2004年3月),第71页;王珏:《〈婚姻登记条例〉的三大争议焦点》,载《政府法制》2003年第23期,第37页;李瑞通:《现行〈婚姻登记条例〉在实践中存在的问题及对策》,载《新西部》2010年第5期,第79页等。

⑰ 曹飞·前注②,第72页;王珏:《〈婚姻登记条例〉的三大争议焦点》,载《政府法制》2003年第23期,第37页;李瑞通:《现行〈婚姻登记条例〉在实践中存在的问题及对策》,载《新西部》2010年第5期,第79页等。

⑱ 马忆南:《离婚冷静期是对轻率离婚的限制和约束》,载《妇女研究论丛》2020年7月,第103页、第105页。

以人为本,符合时代的潮流,充分尊重申请当事人的意愿,从内容上看有很大的进步"[19],可以说在当时是赞不绝口的。

三、离婚件数的推移

(一)离婚件数的推移

从 2002 年开始离婚件数直线上升,2002 年的离婚数为 117.7 万件,2003 年为 133.1 万件,2004 年为 166.5 万件,之后没有低于前一年的件数继续增加,2019 年达到 470.1 万件(图 1)。

单位:万件

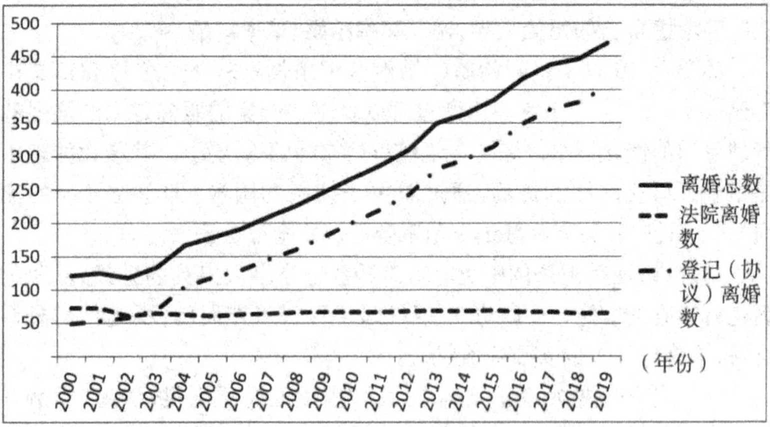

* 离婚总数、法院离婚数、登记(协议)离婚数

图 1　离婚件数的推移[20]

其中,法院离婚(人民法院调解或判决离婚)的数量为 60 多万件,几乎没有变化。

另一方面,到 2002 年为止,比法院离婚少的登记离婚在 2003 年首

---

⑲　李瑞通:《现行〈婚姻登记条例〉在实践中存在的问题及对策》,载《新西部》2010年第 5 期,第 79 页等。

⑳　笔者根据《中国民政统计年鉴》(各年)以及国家统计局数据库(http://data.stats.gov.cn)整理制作。

次反转,之后没有低于前一年的件数继续增加,到 2019 年达到 404.7 万件。

综上所述,在婚姻登记条例实施前后离婚数量激增,其原因是登记离婚的急剧增加。这与立法说明和释义中指出的一致,无疑在离婚冷静期的立法背景下登记离婚大大增加。

(二)登记离婚数量增加的背景以及与草率离婚之间的关系

如立法说明所示,登记离婚件数爆炸性增加的原因是,离婚登记手续的简便化和伴随着草率离婚的增加。

1. 草率离婚在民法典以及其他法律法规中并无定义[21]。

总结相关论文中的定义发现,所谓草率离婚是指:①以夫妇间的细微矛盾为契机,夫妻双方发生争执;②感情未破裂,却因一时的激情冲动离婚;③离婚后不久,对离婚大为后悔;④要想修复关系,似乎比较简单。

2. 登记离婚数增加的原因

草率离婚在离婚总件数中的占比,并没有统计上的数据根据。然而,尽管如此,官方也好,学界也好,认为登记离婚数增加的原因是草率离婚,为什么呢?

大部分是单纯的印象论而已。根据公开数据和调查结果,也有人试图分析草率离婚的特征[结婚时间短[22],年轻人(所谓“80 后”、“90 后”)多[23]等],但我个人认为并不具有说服力。比如说,即使结婚时间很短,经过深思熟虑后得出离婚结论的夫妇也不在少数,即使是年轻人离婚率很高,也完全不清楚这和没有深思熟虑的关系。后悔离婚并不

---

[21] 李春桥:《论〈民法典婚姻家庭编〉中离婚冷静期制度的完善》,载《北京政法职业学院学报》2020 年第 3 期,第 19 页。

[22] 郑锡龄:《我国登记离婚制度的法律反思与立法回应——以离婚冷静期制度为视角》,载《研究生法学》第 34 卷条统 1 期(2019 年),第 96 页;吴小英:《“离婚冷静期”争议背后的几个学术焦点》,载《妇女研究论丛》2020 年 7 月号,第 99 页;贺珊珊:《离婚冷静期的法理依据和制度构建探析》,载《法制与社会》2020 年 9 月号(下),第 7 页等。

[23] 张德笔:《“离婚冷静期”不一定是个坏东西》,载《家庭科技》2017 年 9 月号,第 9 页;夏菁鸿:《浅议登记离婚中的冷静期制度》,载《法制博览》2020 年第 8 期,第 119 页等。

仅仅限于现在的年轻一代㉔。最重要的是,1994 年婚姻登记管理条例的立法背景中指出了草率离婚的增加。

相对来说比较有说服力的分析是,草率离婚的情况下"离婚后恢复冷静后选择复婚"㉕。

从 1979 年以后的复婚件数来看(图 2),自 2003 年开始有显著增加。随着登记离婚数的增加,复婚的数量也在增加,可以说两者之间存在着某种关系。不过,这不仅仅是因为草率离婚,例如,也不能排除购买多套住宅㉖、以逃避债务为目的离婚、达到预期目的后复婚等情况。但是,不管理由如何,离婚后想和同一对象重做夫妻的似乎确实很多,其中草率离婚存在一定比例,而且有增加的倾向。

单位:万件

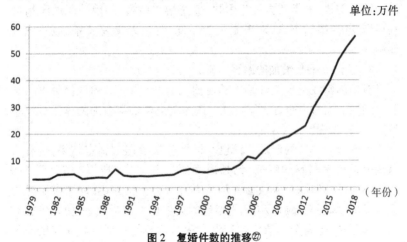

图 2　复婚件数的推移㉗

㉔　如,1985 年 6 月 15 日最高人民法院关于男女登记离婚后一方翻悔,向人民法院提起诉讼,人民法院是否应当受理的批复[法(民)复[1985]第 35 号]。

㉕　徐圆圆:《法院实施离婚冷静期制度情况探析——以 A 省 B 市人民法院为例》,载《法制与经济》2020 年第 8 期,第 44 页;姜大伟:《离婚冷静期:由经验到逻辑—〈民法典〉第 1077 条评析》,载《华侨大学学报》(哲学社会科学版)2020 年第 4 期,第 102 页。

㉖　据了解,因北京市等大城市都有买房限购政策(不管是单身还是已婚,都是限制只能购买 1 套住宅等),为了炒房,夫妻书面上离婚,夫妻各买一套住宅。

㉗　笔者根据《中国民政统计年鉴》(各年)整理制作。

(三)增加登记离婚件数和简化登记离婚手续

虽然婚姻登记条例公布、实施当初是被赞不绝口的,但是由于该条例实施后登记离婚数激增,很多人认为离婚登记手续的简便化是导致离婚件数激增的原因㉘。甚至有人认为这是假离婚、骗离婚㉙等违法现象的元凶。

不过,详细研究婚姻登记条例实施后的讨论发现,在修改后不久的2003 年,在婚姻登记管理条例规定的一个月的审查期间"可以让当事双方冷静思考,慎重选择",但修改后的婚姻登记条例废止审查期间,同时离婚证是立即发给的话"很容易造成轻率离婚"㉚。如果是这样的话,也可以说在公布并实施婚姻登记条例的时候,预见了之后登记离婚数会增加。

(四)小结

如上所述,在草率离婚的实际情况几乎不明的情况下,要评价登记离婚手续的简便化导致了草率离婚的增加是极其困难的。

我个人认为,倒不如说,社会本身的现状以及对离婚的社会评价发生了变化,这才导致了登记离婚数的增加。虽然不是登记离婚而是关于法院离婚,有学者指出"法庭将离婚纠纷审理视为做思想工作,以调解和好为办案目标"㉛。另外,也有人指出,家庭形态的变化,特别是"娘家"的作用的变化与登记离婚的增加有关㉜。为了探索离婚件数增

㉘ 佐文江:《"闪婚"现象及其法律规制》,载《理论观察》2016 年第 4 期,第 96 页等。

㉙ 都是不真实的离婚。所谓的俗语,没有严格定义,但一般如下说明:假离婚是指夫妻双方合谋,在没有离婚意愿的情况下申请离婚登记并书面离婚。相当于在日本所说的"伪装离婚"。和日本一样,以逃避债务为目的,以及中国特有的不正当取得房地产[参照前面的注解(25)]为目的。骗离婚是指夫妻中的一方为了不能告诉别人的目的,捏造虚假的事实,隐瞒某个事实,本来就不想复合,却答应另一方复婚,欺骗对方让对方同意离婚。为了独占夫妻共有的财产,或者为了和情人结婚,源于这样目的的很多。

㉚ 王珏:《〈婚姻登记条例〉的三大争议焦点》,载《政府法制》2003 年第 23 期,第 37 页。

㉛ 肖建飞、王新:《"巩固家庭"机制的建立、运行与解体——基于对乌鲁木齐市天山区离婚纠纷解决机制变化的个案考察》,载《新疆财经大学学报》2015 年第 4 期,第 75 页。

㉜ 叶文振:《珍惜人生姻缘 保持离婚冷静》,载《中国妇女报》2018 年 10 月 22 日(中国女性网 https://paper. wgcmw. com/content/2018/1022/42512. html)。

加的原因,来自法律社会学和社会学的方法也是不可缺少的。

四、离婚件数激增的应对

对于登记离婚件数增加,婚姻登记机关和管辖该案件的民政部以及人民法院正在摸索全国范围内的应对措施。

(一)婚姻登记机关(民政部)

在上海,从 2003 年开始在婚姻登记机关内设置婚姻家庭辅导室,开始了对冲动型离婚夫妇的说服工作[33]。之后,全国各地开展了试点工作,基于其成果,2015 年民政部修改了《婚姻登记工作规范》[34],在全国大部分婚姻登记机关内设置了婚姻辅导室,专业的婚姻指导师(社会工作者、心理咨询师、律师等)对面临持续结婚危机的夫妇进行调停、说服工作[35]。结果,某些地方取得了良好的成果(有 30% 以上的希望离婚的夫妇放弃离婚)[36]。

(二)法院

在法院的试点工作当中,最早进行的是 2004 年的"试验离婚"[37]和"冬眠式离婚"[38]。"试验离婚"是在当事人同意的情况下,以法院调解的形式设置 6 个月的"试验离婚"即分居期间。"冬眠式离婚"是由于判

---

[33] 文汇报:《服务模式不断创新婚俗改革稳步推进》,2019 年 11 月 29 日刊(www. whb. cn)。

[34] 2015 年 12 月 8 日公布,2016 年 2 月 1 日施行。http://www. mca. gov. cn/article/fw/bmzn/hydj/flfg/201802/20180200007948. shtml.

[35] 安娜:《走近婚姻登记机关婚姻辅导师——他们在努力改变故事的结局》,(2019.4.25)中国民生部网站(http://www. mca. gov. cn/article/xw/mtbd/201904/20190400016968. shtml)。

[36] 王金华:《学深吃透民法典 开创婚姻管理新局面》,载《中国民政》2020 年第 13 期,第 17 页。

[37] 也叫试离婚。河北省张家口市阳原县人民法院实施。参见刘玲:《关于建立别居制度的探讨——从河北阳原法院推出"试验离婚"制度谈起》,载《青岛大学师范学院学报》第 22 卷第 3 期(2005 年),第 86 页。

[38] 河南省濮阳市人民法院于 2004 年 4 月开始实施。见《河南"冬眠离婚":5 月内互不履行夫妻义务》(2005 年 9 月 3 日)(https://www. epochtimes. com/gb/5/9/3/n1040120. htm)。

决不准离婚和调解和好的离婚案件,原告在6个月内无法提起离婚诉讼(民诉法第127条第7项),首先作出不准离婚的判决,之后利用该期间,法院多次向当事人进行调解,让当事人放弃离婚。也有人认为这6个月的时间段是冷静期㊴,都是法院关于离婚冷静期的先驱。

之后,从2016年6月1日开始的6个月内,全国100个法院实施了离婚冷静期的试点工作㊵。基于此成果,2018年7月18日决定导入3个月的离婚冷静期㊶。

值得注意的是,对于离婚数量的激增,婚姻登记机关(民政部)和法院的应对方法不同,我个人认为这点很有意思。婚姻登记部门选择了结婚指导和咨询等方法,法院基本上选择了冷静期。

在法院设置数个月的离婚冷静期,典型的是冬眠式离婚,但是在审理程序的构造上,比较容易采用。另外,在审判实务当中,对第一次的离婚请求作出了不准离婚的判决,如果在那6个月后再次提出离婚请求的情况下,法院才支持离婚是惯例,将这6个月视为事实上的离婚冷静期或者以此为基础设计出了离婚冷静期㊷。

另一方面,婚姻登记机关没有实质性的审查权限,夫妇双方前往婚姻登记机关进行登记离婚的申请,必须文件齐全,只要通过形式性的审

㊴ 詹雪霞:《我国离婚纠纷强制调解模式的重构》,载《东南司法评论》2015年卷,第238页。

㊵ 2016年4月23日最高人民法院《关于开展家事审判方式和工作机制改革试点工作的意见》(法[2016]128号)。

㊶ 最高人民法院《关于进一步深化家事审判方式和工作机制改革的意见》(法发[2018]12号)40条。最高人民法院网站(http://gongbao.court.gov.cn/Details/bf4b36ae2dee44d9773636f4656593.html)。

㊷ 如刘春梅、张传琪、赵鑫滋、申旭、张敏:《离婚冷静期相关法律问题研究》,载《法制博览》2020年9月号(上)第33~34页;徐晓杰:《家事审判改革与诉讼离婚冷静期的碰撞——基于对陕西省某县基层人民法院的考察》,载《法制与社会》2020年6月号(上),第80页;陈靖、邱晓雯、沈桂贤、俞小成、张诗辰:《新时期我国青年婚姻特点的法学思考与改善机制》,载《法制与社会》2020年第11期,第116页;瞿蓉:《关于离婚冷静期制度的必要性和可行性分析》,载《山西青年》2020年第2期,第138页。

查,就无法拒绝。武汉市武昌区有一种开玩笑的"打印机坏了"⑬,这也表示了婚姻登记机关的处境(没有别的办法),所以作为"试点工作"脍炙人口。因此,即使是"试点工作"也很难实施离婚冷静期。

五、离婚冷静期的立法过程

(一)民法典起草过程中草案设计上的变化

草案依次有2017年9月26日的《中华人民共和国民法婚姻家庭编(草案)室内稿》、2018年8月27日的《(草案)一次审议稿》、2019年7月15日的《(草案)二次审议稿》、2019年10月31日的《三次审议稿》。

室内稿并不是离婚冷静期,而是和以前的婚姻登记管理条例一样规定了离婚登记的审查和审查期间(第36条)⑭。

之后,一次审议稿中规定了1个月的离婚冷静期(第854条),二次审议稿的期间从1个月变更为30日(第854条),在三次审议稿中没有变更(第1077条),直至民法典第1077条的规定。

(二)恢复离婚审查的目的

在婚姻登记机关和法院的试点工作中没有复活对离婚申请的审查的事例,为什么要用室内稿使离婚审查复活呢?

由于审议过程中的讨论尚未公开,详细情况尚不清楚。根据释义,作为第1077条的立法背景,根据2003年的婚姻登记条例的修改指出,婚姻登记部门缺乏必要的调停和限制措施,导致冲动型、轻率、草率型离婚件数的增加,因此有必要干涉离婚,降低离婚率,对婚姻瓦解起缓

---

⑬ 2013年前后,武汉市武昌区民政局以"打印机坏了""网络故障"等善意的谎言拒绝立即发行离婚证(离婚证是当场印刷发行,交给当事人。延长办理离婚证的时间,将其作为事实上的离婚冷静期),9年来挽救了500多桩濒临破裂的婚姻。作为离婚冷静期民政部门的"试点工作",可以说一定要介绍。例如,杨立新、蒋晓华:《对民法典婚姻家庭编草案规定离婚冷静期的立法评估》,载《河南社会科学》第27卷第6期(2019年),第37页。

⑭ 何勤华、李秀清、陈颐编:《新中国民法典草案总览(增订本)》,北京大学出版社2020年版,第89页。

冲作用㊺。从这一点来看,当初考虑的是比冷静期更强力的审查这一真正的干涉的可能性很高。我想等今后的相关资料的公布后继续研究。

(三)舆论、学术界的反应

民法典上有关于离婚冷静期的规定的消息传出后,在中国的网络上反对这个的声音占了多数。根据民法典公布 3 周后的报道,有 60 万人反对。㊻

另一方面,在学术界,没有反对引入离婚冷静期的呼声。"离婚自由并不是绝对的自由,而是相对的自由,是有条件的自由。因此,保障离婚自由,必须反对轻率离婚"㊼。草率离婚多指家庭内弱者,特别是对孩子健康成长的不良影响,这代表了未成年触法者中 70~80% 是离婚家庭出身的说法㊽。离婚冷静期被认为是消除这种不良影响的有效手段㊾。

除了对离婚冷静期的赞成,也有反对恢复离婚审查的见解㊿。学界的一致意见认为,由于没有出现让离婚审查复活的呼声,无论是积极的

㊺ 黄薇主编:《中华人民共和国民法典释义及适用指南》,中国民主法制出版社 2001 年版;王晓琳:《婚姻家庭编草案:构建和谐稳定的婚姻家庭制度》,载《全国人大》2020 年第 2 期,第 1626 页等。

㊻ 《60 万人反对的"离婚冷静期"要被写进民法典:想离婚都离不了?》,见:搜狐新闻 2020 年 6 月 18 日(https://m.k.sohu.com/d/459779617? channelId=3&page=4)

㊼ 马忆南:《离婚冷静期是对轻率离婚的限制和约束》,载《妇女研究论丛》2020 年 7 月,第 103 页。杨立新、蒋晓华:《对民法典婚姻家庭编草案规定离婚冷静期的立法评估》,载《河南社会科学》第 27 卷第 6 期(2019 年),第 36 页、郑锡龄:《我国登记离婚制度的法律反思与立法回应——以离婚冷静期制度为视角》,载《研究生法学》第 34 卷条绒 1 期(2019 年),第 96 页。

㊽ 郑锡龄:《我国登记离婚制度的法律反思与立法回应——以离婚冷静期制度为视角》,载《研究生法学》第 34 卷第 1 期(2019 年),第 97 页。同旨:冯祝恒、陈家炜:《我国家事审判中离婚冷静期制度设立研究》,载《黑龙江生态工程职业学院学报》第 32 卷第 2 期(2019 年),第 84 页等。

㊾ 夏沁:《民法典登记离婚冷静期条款的解释论》,载《法学家》2020 年第 5 期,第 34 页。

㊿ 马忆南:《离婚冷静期是对轻率离婚的限制和约束》,载《妇女研究论丛》2020 年 7 月,第 106 页。

还是消极的,都不应该再出现离婚审查。

值得一提的是,虽然室内稿中关于离婚审查的条文被全面删去的真正理由还不清楚,但这是在释义中广泛听取意见的结果[51],所以应该是基于舆论和学术界的反应而得出的结果。

六、代结语

以下,我们将对离婚冷静期制度能否抑制离婚件数增加进行若干讨论,并将其作为本报告的结尾。

草率离婚并不仅仅局限于现代年轻人,尤其是"80后"、"90后"的年轻人,而是各个世代都常见的现象[52],给年轻一代推卸了其原因和责任的印象很深。

从1979年以后中国离婚数的数据来看(图3),确实2003年以后的增加是急剧的,但1979年以后登记离婚数一直呈增加趋势。实际上,1994年制定婚姻登记管理条例时也有"为了应对近期增加的草率离婚"的说明,但原来就很难判断是不是草率离婚产生,离婚数量增加的原因是不是有轻易要求草率离婚的倾向。恐怕,离婚数的增加是受社会更加本质、深层部分产生的变化的影响,即使在一个月左右的冷静期,也无法阻止这种倾向。

---

[51]　黄薇主编:《中华人民共和国民法典释义及适用指南》,中国民主法制出版社2001年版;王晓琳:《婚姻家庭编草案:构建和谐稳定的婚姻家庭制度》,载《全国人大》2020年第2期,第1626页等。

[52]　贺珊珊:《离婚冷静期的法理依据和制度构建探析》,载《法制与社会》2020年9月号(下),第7页等;安娜:《走近婚姻登记机关婚姻辅导师——他们在努力改变故事的结局》,(2019.4.25)中国民生部网站(http://www.mca.gov.cn/article/xw/mtbd/201904/20190400016968.shtml)。

单位：万组

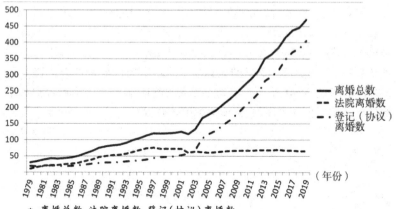

* 离婚总数、法院离婚数、登记(协议)离婚数

图3 离婚案件数的推移⑤

复婚的数量增加也是一样,既可以理解后悔草率离婚的人复婚的道理,也可以理解实际上存在这样的情况。但是,这几年,特别是2012年以后,每年以5万~8万件的速度持续增加,2018年达到了56万件(参照图2)。很难想象这一切都是因为后悔草率离婚而导致的复婚。假离婚、骗离婚后复婚的情况,以及因经济原因不得不重新考虑的情况也很多。这样的话,我想当初(室内稿)恢复离婚审查的新目的是看穿假离婚和骗离婚等伪装离婚。

另外,虽然结婚期间很短的离婚是一个问题,但是根据不同的看法,如果能在很早的阶段认识到"不合适",并且能够重来的话,对于当事人来说,这也是一个幸福的结果。

在中国,即使在知识分子层面,也会被前时代"离婚等于恶"等陈规旧套的看法所感染。例如,频繁地有人指出离婚会给孩子带来不好的影响,但在日本,社会上经常有人说"比起在相互仇视的父母身边成长……"不能保证父母都在一起,孩子就一定会幸福。在中国的议论中,父母的离婚和孩子的不幸是同义词,而我不认为孩子的幸福是什么

---

⑤ 笔者根据《中国民政统计年鉴》(各年)整理制作。

科学分析。

与此相关,作为给离婚的孩子带来最坏影响的东西,经常会出现少年触犯多数是离婚家庭出身的指摘。于是,对2000年以后少年触犯人数的统计进行了调查(图4),令人吃惊的是,2009年的32.2万人减少到了顶峰。虽说未满15岁的人口从2000年的2亿9000万人减少到2019年的2亿3500万人(54),但是犯罪人数整体有增加的倾向,而离婚家庭的孩子犯罪数并未增加,该如何解读才好呢?

单位:万人

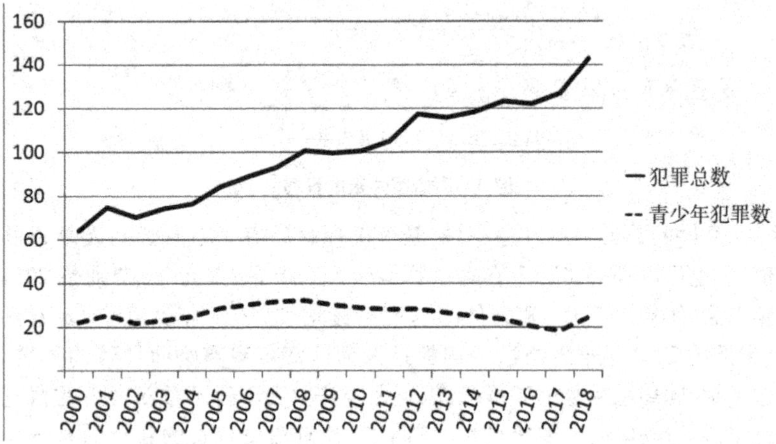

* 犯罪总数,青少年犯罪数

图4 青少年犯罪数的推移(55)

并且,1994年婚姻登记管理条例中导入了对登记离婚申请严格的审查制度,但正如之前所述,现实中离婚件数不但没有减少,反而增加了近100万件(56)(参照图3)。复婚的件数也一样(57)(参照图2)。即使只

(54) 国家统计局数据库(https://data.stats.gov.cn/)。另,在该数据库中,青少年犯罪是指满14岁以上未满25岁的犯罪者。

(55) 数据来源,同上。

(56) 从1994年的35.4万件增加到2003年的133.1万件。

(57) 从1994年的4.5万件增加到2003年的6.8万件。

看这些事实,登记离婚手续也很严格,可以说不一定能抑制登记离婚数量的增加。顺便说一下,婚姻登记管理条例中对登记离婚的审查,在离婚登记手续上是时间性的障碍,虽然对让当事人冷静思考离婚的事情起到了一定程度的作用,有人指出"审查期的冷静作用不明显,在该条例(婚姻登记管理条例)实施期间,离婚率不但没有降低"㊳。尽管如此,《民法典》第1077条中引入了离婚冷静期,但实际上能取得怎样的效果,期待今后能有明确运用的实际情况。

㊳ 同旨:杨立新、蒋晓华:《对民法典婚姻家庭编草案规定离婚冷静期的立法评估》,载《河南社会科学》第27卷第6期(2019年),第36-37页。

商　法

判例中发现的表决权代理行使
与书面投票的问题点

田泽元章* 段 磊**

目 次

一、引言
二、代理人违反股东本人的指示行使表决权时的效力
三、书面投票的法人股东的负责人出席股东大会时的问题
四、结语

一、引言

今天报告的主题是关于表决权代理行使和书面投票,尤其是在最近的日本判例中形成争议的论点。

首先介绍的是当违反股东本人指示行使表决权时的法律关系。上市公司要求股东提交表决权代理行使的委托书的,有必要遵循委托书

* 作者:专修大学教授。
** 译者:华东师范大学副教授。

的劝诱规则。按照该规则,委托书中应当设置是否赞成议案的记载栏①,受托人(即表决权行使的代理人)在股东大会上的投票与股东记载的内容相反的,该投票的效力如何,是一直以来探讨的问题。

表决权行使是股东对议案表明的意见,虽不是严格意义上的意思表示,但也类似于意思表示。并且,判断表决权行使的有效性时,一般也没有理由排除意思表示和代理等民法原则的适用。但是,从表决权的法律性质、单个表决权行使的无效与股东大会决议效力之间的关系等角度来看,似乎也不能将民法的意思表示和代理的一般原则全部直接适用于表决权的代理行使。关于这点,先介绍一直以来的学说,再陈述个人的见解。

其次是书面投票,该制度的目的是将无法出席股东大会的股东的意思尽可能地反映至决议中。因此,如果股东本人或者代理人出席时,视为撤回书面投票。事前进行了书面投票的法人股东,为了旁听股东大会会场的问答等目的,有时会派相关人员作为代理人出席股东大会。然而,法人股东的负责人与会场相关人员的双方对书面投票制度的理解可能存在不足,在股东大会进行表决之际,也可能行使与法人股东的意思正相反的表决权。为了反映法人股东的真实意思,判例中采用了什么的法律构成,其适当性如何,关于这点也会进行探讨。

二、代理人违反股东本人的指示行使表决权时的效力

(一)表决权行使的代理权范围

当委托书中记载"委托与表决权行使的一切权限"等进行全权委托时,代理权的范围包括判断赞成与否的表决权的行使权限,代理人可以根据自己的判断自由地行使表决权。

与此不同的是,当代理权授权之际有具体的指示事项时,这只是本人与代理人之间的内部制约事项,还是划定代理权范围的内容,关于该

---

① 《上場株式の議決権の代理行使の勧誘に関する内閣府令》(平成15年内閣府令第21号)第43条。

问题学说上有两种见解②。

学说①认为,代理权的范围是"行使表决权的权限",对议案赞成与否的指示属于本人与代理人之间的内部制约。根据该学说,违反指示的表决权行使是有效的,只不过代理人要对本人承担违约责任。

学说②认为,代理权的范围是"按照本人指示的赞成与否行使表决权"。根据该学说,违反指示行使表决权则超越了代理权的范围,属于无权代理行为,是无效的。

根据学说①,一旦授予了表决权的代理行使权限,违反股东的意思行使表决权也仍是有效的,这不利于股东保护。根据学说②,如果将代理人的权限范围进行无裁量余地的限缩解释,则其实不是"代理人",而是作为传达机关的"使者"。但违反指示的表决权行使,可以作为无权代理使之无效。表决权行使的代理属于任意代理,任意代理人的权限范围由本人的代理权授予行为(委托合同)来决定,学说②的解释逐渐被认同,成为当前的有力学说。

(二)表决权行使的无权代理的法律关系

关于违反股东指示代理行使表决权问题的案例有 Advanex 事件判决③,该案得到了学界和实务界的广泛关注。

在介绍该判决之前,有一点需要说明。日本公司法上,即便股东不选任表决权行使的代理人,只要其在股东大会前向公司提交记载是否赞成议案的表决权行使书面文件,则视为出席了股东大会并行使了表决权(公司法第 311 条)。这被称为"书面投票"。同样的规则适用于互联网等方式,被称为"电子投票"(公司法第 312 条)。如前所述,当股东本人和代理人出席股东大会时,则视为撤回书面投票、电子投票。因此,即便事前进行了书面投票等,股东或其代理人出席股东大会的,有必要行使表决权。

---

② 参见岩原紳作编:《会社法コンメンタール(7)》(山田泰弘执笔部分)(商事法务,2013 年),第 193 页。

③ 東京高裁令和元(2019)年 10 月 17 日判决,载《金融・商事判例》第 1582 号第 30 页);原神为:东京地裁平成 31(2012)年 3 月 8 日,载《金融・商事判例》第 1574 号第 46 页。

1. Advanex 事件

简单介绍一下案情。由 Advanex 公司的交易伙伴组成的持股会,以会员的意思作出了"赞成公司提案"的电子投票。尽管如此,持股会的理事长出席了股东大会,"反对公司提案","赞成与公司提案相反的修改动议"。该理事长实质上是作为其他持股会的会员的代理人出席了股东大会,但因代理人的出席而撤回了电子投票,所以出席股东大会的理事长行使了与电子投票正相反的表决权,产生了该表决权行使是否有效的问题。

判决认为,根据事前的电子投票,持股会的全员作出了赞成公司提案的特别指示,关于修改动议,从该指示合理推导出的内容来看,可以认为赋予了行使表决权的权限。并且,持股会的理事长反对公司提案,赞成修改动议的行为属于超越、滥用权限,就权限滥用认定了公司的恶意,所以该表决权行使是无效的。

判决在认定公司恶意的基础上判定表决权行使无效,但并没有明确指出适用了民法的哪个原则,认定恶意的理由也不明确。故针对该判决内容,学说的理解出现了分歧。

第一种观点认为,①从扩大解释代理权范围的角度来看,就代理人的权限滥用,可以类推适用民法第 93 条第 1 款但书④的规定⑤,但扩大解释代理权范围本身并不妥当。

第二种观点认为,②判决未明确指出具体的法律构成,但因为公司是恶意的,即便表决权行使无效,也不会有损于股东大会决议的法律稳定性⑥。

---

④ 译注:日本民法第 93 条规定:"尽管表意者知晓并非其真意,也不因此影响其意思表示的效力。但是,相对方知道或者可以知道表意者的真意时,该意思表示无效。"

⑤ 参见池野千白:"アドバネクス事件-东京地判平成 31(2012)年 3 月 8 日判决与东京高判令和元(2019)年 10 月 17 日判决",载《CHUKYO LAWYER》第 33 卷第 54 页(2020 年)。

⑥ 参见山本为三郎:"アドバネクス株主総会決議取消請求等控訴事件",载《法学研究》〔庆应大学〕第 93 卷第 6 号第 85 页(2020 年);川島いずみ"アドバネクス事件控訴審判决(株主総会決議不存在確認等請求控訴事件)",载《法律のひろば》第 73 卷第 6 号第 49 页(2020 年)。

第三种观点认为,③关于表决权代理行使中的代理权限制,可以适用表见代理的结构进行判断⑦。

2. 对表决权的无权代理是否可以适用表见代理

近期以来,对表决权的无权代理认为可以适用表见代理的观点成为有力说⑧。支持该观点的目的有:①将表决权行使作为有效处理,可以保障决议的法律稳定性;②将无效的表决权行使作为有效处理的公司可以免责。

但是,如后所述,适用表见代理在理论上和实质上是不合适的,即便不适用也可以保障其法律稳定性,以及最好将公司的免责与表决权行使的有效无效分开处理。因此,本文的观点是:

第一,代理人违反股东指示行使表决权的,无论公司的善意或恶意均无效。

第二,表决权行使是无相对人的单独行为,不适用表见代理。

第三,公司或者董事对于表决权无权代理存在善意、恶意和过失,将无效的表决权行使作为有效处理的,仅从公司的侵权责任、董事的任务懈怠责任等关系进行处理即可。

表决权行使是对议案表明赞成与否,类似于意思表示,但与合同解除和债务免除的意思表示不同,属于无相对方的单独行为。因此,理论上也不适用表见代理⑨。因为从实质上来看,表见代理是为了保护与无权代理人签订合同的相对方对合同成立的利益和信赖,但公司是按照股东多数意思的股东大会决议来经营的,不存在公司信赖表决权的代理行使是有效的这一公司独自的利益。

---

⑦　参见弥永真生:“権限を逸脱した議決権行使と決議取消し”,载《ジュリスト》第 1547 号第 97 页(2020 年)。

⑧　参见田中亘:“株主総会における議決権行使・委任状勧誘”,收录于岩原绅作＝小松岳志编《会社法施行 5 年 理論と実務の現状と課題》第 10 页(有斐閣 2011 年);北村雅史“事前の議決権行使と株主総会への‘出席’の意味——东京高判令和元(2019)年 10 月 17 日を手がかりとして-”,载《商事法務》第 2231 号第 9 页(2020 年)。

⑨　参见浜田道代:“委任状と書面投票”,收录于河本一郎先生還暦記念《証券取引法大系》(商事法務研究会 1986 年)第 254 页。

3. 表决权行使的无权代理导致无效与决议的法律稳定性

即便不承认表见代理的适用,也可以保障决议的法律稳定性。首先,单个表决权的行使因无权代理而无效,尽管如此,也不会直接影响股东大会的决议效力。只要不提起决议撤销之诉,并主张、证明表决权行使是无效的,决议就是有效的。而且,在决议撤销之诉中,即便承认表决权行使的无效,如果排除无效的表决权行使,决议仍然是成立的话,可以裁量驳回起诉(公司法第831条第2款),维持决议的效力。

换言之,撤销决议仅限于排除无效的表决权行使后决议不成立的情形。此时,公司以外的第三人保护主要通过外观法理和登记的效力来实现(该法第354条、第908条第2款等)。即便说公司有信赖表决权代理行使有效的正当理由,但也不构成让违反股东大会的资本多数决这一基本原则的决议得以维持的理由。

在决议撤销之诉中,主张无权代理导致表决权行使无效的,不仅是该股东本人,其他股东也可以起诉成为原告。无权代理是本人与代理人之间的问题,将无效的表决权行使作为有效导致决议成立的,属于"决议方法违反法律法规",构成决议撤销事由(该法第831条第1款第1项)。并且,决议撤销之诉并非救济利益受到侵害的股东的制度,而是为了纠正因瑕疵妨碍公平决议,确保公司运营遵守法律法规和章程的制度。

另外,民法上无相对方的单独行为的无权代理不适用追认的规定(民法第118条、第116条)。但是,对于表决权行使的无权代理,承认股东本人进行追认也无妨⑩。不过追认的意义仅限于在决议撤销之诉中,排除因无权代理而无效的表决权行使后决议不成立的情形。

三、书面投票的法人股东的负责人出席股东大会时的问题

法人股东的情形下,即便事前进行了书面投票,也可以旁听问答和见证决议成立等目的,委派其员工等作为负责人出席股东大会。此时,若员工等作为股东的代理人出席的,如前所述,视为撤回书面投票,需

---

⑩ 参见石田穰:《民法総则》,信山社2014年版,第885页。

要出席的员工等行使表决权。

在上市公司中,通过书面投票事前确定决议成立与否的情况比较多,此时若在股东大会不进行投票,则不会产生问题。但是,若在股东大会进行了投票,该员工等认为,因为法人已经进行了投票或者自己没有权限,就不投票或者投了空白票,则会导致法律上具有对议案投出反对票相同的效果,从而产生与书面投票相反的结果。Advanex 事件正是因为出现这一事态导致的问题。

关于这一问题,该判决认为,虽然法人股东的员工作为负责人进入股东大会的会场,但没有行使表决权的权限,也向股东大会的会场负责人说明了该情况,因此不算是作为"代理人(职务代行人)"进入会场,而是作为"旁听者"进入会场(对于该事实认定存在诸多批评)。并且,作为"缺席"股东大会处理,以书面投票上记载的赞成与否为基础,来判断决议成立与否。

这意味着将一直以来作为事实问题处理的"出席"股东大会,转换为"有表决权行使权限的人进入股东大会的会场"这一法律问题。按照这一思路,虽然在物理上进入了会场,但也不会成为缺席处理的障碍。由此来推断,即便代理人出席了股东大会,但由于没有违反股东指示行使表决权的权限,所以该表决权行使作为无权代理而无效,在该议案表决时可以将其作为缺席来处理。Advanex 事件的判决不仅认定持股会理事长的表决权行使作为无权代理而无效,还根据电子投票中的股东意思作为投票内容来处理。有观点认为,这是从法律上将持股会理事长的出席作为缺席来处理,并没有撤回电子投票⑪。

以上判例的法律构成是与书面投票制度的目的相符的,即尽可能地将股东意思反映到决议中。不过,从法律上将没有表决权行使权限的人的出席作为缺席来处理,虽在解释论上存在着解释余地,但代理人出席了股东大会的,即便其表决权行使与股东的指示相反,也应当作为出席处理。如果代理人按照股东的指示进行了投票就作为出席,而违

---

⑪　参见:北村雅史"事前の議決権行使と株主総会への'出席'の意味——东京高判令和元(2019)年 10 月 17 日を手がかりとして-",载《商事法務》第 2231 号第 7 页(2020 年)。

反指示进行了投票就作为缺席,并以书面投票的内容为准,这似乎说不过去。

在关西超市事件中,进行书面投票的法人股东的负责董事,作为代理人出席了股东大会,因为决议能否成立比较微妙,就在会场上进行了投票。该负责董事误以为已经进行了赞成内容的书面投票,所以没有必要再次投票,就投出了空白票。法院采用不同的法律构成作出了判决,将股东的意思反映到了投票中。具体而言,法院考虑到负责董事存在误解等投票用纸以外的事由,在认定股东意思的基础上,将空白票作为赞成票来处理⑫。

四、结语

对于机构投资者和法人股东而言,为掌握投资对象公司的股东大会问答和议事变化的情况,确实存在委派员工等出席股东大会的需要。如果将员工等作为职务代行人(代理人),只要其出席就一律撤回书面投票的做法,似乎已经与时代不符了。仅针对股东大会会场提出的动议授予代理权并使之出席的情形下,书面投票并未撤回,仍然有效,这样的解释是符合公司法的⑬。因此,对于法人股东以及公司而言,今后需要在实务中进行相应的调整。

---

⑫ 大阪高裁令和 3 年 12 月 7 日决定,载《资料版商事法务》第 454 号第 101 页。

⑬ 参见竹内昭夫著,弥永真生补订:《株式会社法讲义》(有斐阁 2001 年)第 422 页;大阪株式恳谈会编『会社法实务问答集 II』(商事法务 2018 年)第 96 页(北村雅史执笔部分)。

论保理合同的债权让与对抗要件
——《民法典》第 768 条的解释论

朱晓喆* 冯洁语**

目　　次

一、问题的提出
二、保理合同的法教义学构造
三、《民法典》第 768 条的适用范围
四、《民法典》关于债权让与对外效力的重构
五、对抗要件不明时的债权分割理论

一、问题的提出

　　我国《民法典》在保理合同部分第 768 条明确规定了就同一应收账款债权发生多个保理合同,应收账款的多个受让人之间的优先顺位规则。该条一方面引入了应收账款债权让与以登记为最优、以通知为次优的标准;另一方面规定未登记或未通知的债权受让人处于平等地位,

　*　作者:上海财经大学法学院教授。
　**　作者:南京大学法学院副教授。

应当按比例受偿,即"债权分割规则"。第768条引发了诸多理论争议,其焦点问题有三:(1)从体系位置来看,第768条规定在保理合同中,而非合同编通则规定,因此有可能导致我国民法上债权让与对外效力规则的"双轨制",即保理中的债权让与的对外效力采登记或通知的对抗要件主义以及债权分割规则,而一般债权让与则采合同成立主义。(2)第768条规定了通知债务人是次优的对抗要件,而《民法典》同时在第546条又规定债权让与对债务人生效的通知要件。那么,通知在这两处的后果和效力各有何种意义,及其关系如何,需要学理上的解释。(3)就同一应收账款发生数个保理交易,如果保理人都欠缺登记和通知,第768条首次采取了按比例分割债权的规则,由此颠覆了以往多重债权让与规则的通说,其是否具有合理性有待分析。

关于第768条在《民法典》体系中的定位,鉴于其规定在保理合同部分,而且,仔细审视保理合同部分的规则会发现其内容并不限于保理业务层面,也包括保理中债权让与。因此,必须先厘清保理合同的法教义学构造以及相关的债权让与规则,才能理解第768条的体系定位。

二、保理合同的法教义学构造

保理属于典型合同,虽然《民法典》第761条规定保理合同是"保理人提供资金融通、应收账款管理或者催收、应收账款债务人付款担保等服务的合同",但不可忽视保理交易中应收账款的债权让与是其核心环节。我国通说认为债权让与是准物权行为,是处分行为,独立于原因行为,并非债权行为的一部分。据此,保理交易可以从负担行为与处分行为两个层面把握。

(一)有追索权的保理与无追索权的保理

《民法典》第766条和第767条分别规定了有追索权的保理和无追索权的保理。无追索权的保理合同由于保理人终局性取得所有权,并承担债务人不能还款的风险,因此符合买卖合同的要素,本质上是债权买卖合同。

对于有追索权的保理,我国学说与司法实践均倾向于认为其本质上构成借款合同。保理人提供的融资款是借款合同的本金。债权让与起到了担保的作用,即通过让与债权来担保保理人对应收账款债权人享有的返还借款本息的请求权。因此,有追索权的保理合同是借款合同结合了担保的合意。而担保的合意是债权让与的原因。

(二)保理中的债权让与

就保理的处分行为层面而言,无追索权保理合同和有追索权保理合同中,债权让与的作用不同。

无追索权的保理是债权买卖合同,保理人基于保理合同取得的是请求相对人移转债权的请求权,该买卖合同即是债权让与的原因行为,保理人基于保理合同保有债权。

相反,关于有追索权的保理合同中,债权让与起到何种作用,我国学说和司法实践形成了让与担保和间接给付两种观点。《民法典》第766条规定了债权的行使顺序和清算义务,有追索权保理中,若无明确约定保理人主张权利的顺序,出于保护债权人的考虑,宜解释为让与担保。

基于以上关于保理交易的分析可知,《民法典》合同编第16章保理合同中其实有三类规范:(1)第761条、第762条和第767条规定的是保理交易的负担行为,即保理合同的要素,以及基于保理合同产生的请求权。(2)第766条规定的有追索权保理本质上是一种借款融资,保理人与以应收账款作为保理融资款返还的担保,构成债权让与的担保合意(原因行为)。第767条规定的无追索权保理本质上是一种债权买卖,构成债权让与的买卖合意(原因行为)。(3)第763条、第764条、第765条和第768条规定的是债权让与规则。以上是理解第768条的体系前提。

三、《民法典》第768条的适用范围

在明确《民法典》第768条属于债权让与规则的前提下,再讨论第768条的适用范围。对此,目前存在两种观点:其一,第768条规定于《民法典》合同编的保理合同中,因而仅适用于保理债权让与;其二,第768条中登记与通知的规则可以类推适用于一般债权让与,而债权分割规则仅类推适用于担保性债权让与。

以上两种观点均存在疑问。就前者而言,第768条债权让与的优先顺位规则不应仅限于保理合同。首先,就文义和体系来看,第768条

似乎适用范围限于保理债权让与,而非一般性的合同通则规定。但事实上,不论是保理还是一般的债权让与,都面临第768条要解决的债权多重转让的问题。只不过实践中债权多重转让现象在保理中较为普遍,司法审判焦点也多集中于保理案件,因而《民法典》将债权让与的优先顺位规则规定于此。其次,从法典立法技术的角度来看,《民法典》不是完全按照提取公因式的方式从抽象到具体设计规则,而是根据保理业务中常见问题汇总到一处,按论题式进行立法编纂。这种立法技术的优势在于便于找法,与保理业务相关的规则均汇总到《民法典》保理合同部分,但同时也以失去规则的普遍性为代价。最后,从立法过程和立法说明来看,2018年8月全国人大发布的《民法典各分编(草案)》"一审稿"的第336条就有与第768条类似规定。但由于债权让与采登记确定优先效力的反对意见较大,故从2019年4月"二审稿"开始,删除该规定,但同时新增保理合同(即二审稿第552条之一以下),并于第552条之六保留了债权让与的登记、通知等优先顺位规则。而且在人大法工委的说明中,同样并未严格区分保理债权让与和一般的债权让与。

就后者而言,该观点认为保理交易中债权让与具有担保性质,但问题是这一前提未必成立。基于上文所述,无追索权的保理合同在法教义学上更接近债权的买卖合同。于此,债权让与仅仅是买卖合同的履行行为,而非担保性的债权让与。那么,按照第二种观点,第768条不应适用于无追索权的保理。但根据文义,第768条适用于任何类型的保理合同,不区分有、无追索权。

综上,《民法典》第768条尽管规定于保理合同的位置,属于典型合同规范,但其债权让与的对外效力规则,应适用或类推适用于其他的债权让与。

四、《民法典》关于债权让与对外效力的重构

(一)债权让与中的价值衡量

债权让与涉及债权的流通性和债务人保护两种价值,合理的规则设计要在这两种价值之间做出适当的权衡。这是我们进一步考察《民法典》第768条债权让与对外效力规则的逻辑基点。

（二）《民法典》第768条与债权让与的对外效力

《民法典》第768条重构了保理合同中债权让与的对外效力规则。一方面，对于债务人效力，《民法典》第768条没有改变让与通知对债务人生效的规则（《民法典》第546条）。另一方面，对第三人效力方面，第768条明确了债权让与对抗要件的顺序，即债权让与对第三人的效力以登记为最优先，在无登记的情况下，以通知为优先。

这种立法模式可被称为"登记优先模式"。从形式上看，第768条似乎同时采纳了登记和通知两种对抗要件。但是在登记具有绝对优先效力前提下，理性的保理人均会选择登记。这就削弱了通知对抗的实际效果。登记优先模式，实质上是将债务人彻底从债权受让人和第三人之间的对抗关系中解脱出来。而且，与日本法相比，第768条还避免采用登记与通知具有同等效力时的竞合问题。可见，从保护债务人地位不受影响和便利债权流通这两个价值视角看，第768条的规则设计是合理的。

（三）通知效力的"合"与"分"

通知效力分离情形下，还存在债务人保护的特殊问题，即登记是否会导致债务人对于债权让与从善意变为恶意，从而必须向登记的受让人履行。债务人对债权让与是否知情，影响其是否受到保护。如果债务人虽然未收到通知，但已通过其他方式明知或应知债权已转让（恶意），则其是否仍应向债权出让人清偿。对此，最高人民法院在近期的案例中采通知作为判断对债务人生效的唯一标准。

在债权让与登记的情况下，让与通知仅发生保护债务人的作用，从而剥离了对抗其他人的效力，《民法典》第768条仅解决多重债权让与的受让人之间对抗问题，债务人保护问题仍适用《民法典》第546条。

五、对抗要件不明时的债权分割理论

（一）《民法典》第768条中的权利竞存问题

《民法典》第768条第四分句规定应收账款发生多重让与时，既未登记也未通知的，数个保理人（受让人）"按照保理融资款或者服务报酬的比例取得应收账款"，即按比例分割应收账款债权，简称债权分割规则。

在《民法典》颁布之前,我国民法上对于同一位阶的权利发生竞合的情况如何处理已有一些规定。例如,《物权法》第199条规定在抵押权竞合时采登记优先原则,在均未登记或登记顺序相同时,按债权比例清偿。这就意味着,未登记的抵押权均同时成立,并且根据债权的比例分割抵押物的价值。这种规则背后隐含着债权平等保护的思想。

权利竞存问题也存在于动产的"一物二卖"情形。根据《最高人民法院关于审理买卖合同纠纷案件适用法律问题的解释》第9条,在动产发生"一物二卖",多个债权竞存的情况下,首先是交付优先,其次已经履行买卖价款的优先,最后买卖合同成立在先的优先。其理由包括维护诚信原则、保护善意相对人、避免"一物二卖"等。① 就保理交易中的债权让与,实践中有按照保理人给付保理融资款的先后确定权利的顺序。例如,《深圳前海合作区人民法院关于审理前海蛇口自贸区内保理合同纠纷案件的裁判指引(试行)》第38条首先确定了登记和通知的优先性,在没有登记或通知时,根据保理人发放融资款的先后确定优先顺位。上述规则都体现了一种债权人"先到先得"的价值逻辑。

由上可知,在中国民法上解决竞存权利的顺位问题有两种思路:其一,同一位阶的权利是平等的,按比例分割体现着债权平等思想;其二,根据合同成立或付款的先后顺序确定权利顺位,这是基于"先到先得"的价值判断。

(二)债权分割规则的理论构成和正当理由

中国学者对于《民法典》第768条中的债权分割方案质疑颇多。其理由主要是这种方案导致了债权归属不明。具体而言,债权分割规则与一般民法原理不符,因为某一标的上的权利同时归属于数人,原则上是不成立的。此外,《民法典》第414条第1款第3项规定未登记抵押权竞合后按照债权比例清偿,是因为所有权人有权设定多个抵押权,在实现抵押权时也对抵押物进行量上的分割。但是,在债权多重让与中,债权让与既然是处分行为,那么在第一次让与时已经发生权利变动,债权归属于第

① 参见《最高人民法院关于买卖合同司法解释的理解与适用》,人民法院出版社2012年版,第163页。

一受让人,因而难以想象债权可同时归属于第二受让人。

本文认为,债权平等原则,可作为债权分割规则的正当化基础。德国帝国法院 1914 年曾在一起库存种类物买卖案件中,判决所有的债权人按比例清偿。学理上对此运用债权平等的原则论证如下:债务人的库存种类物无法清偿全部债务时,进入一种类似破产的状态。此时,债务人类似于破产中的管理人。

这种实质上破产中的债权平等观点也可运用于债权多重让与,尤其是在债务人提存时更为明显。日本最高法院在 1993 年的一起债权多重让与后、债务人提存的案件中,也判决债权人按债权比例分割受让人提存的标的。该案中,由于通知顺序不明,债务人以债权人不明为由提存。随后两债权人均请求领取提存的标的。日本民法学说认为,这种情况下提存的功能不仅使债务人免于与债权人的纠纷,更在于其转为按比例清偿的实现程序。债权按比例清偿在破产程序中正是债权平等原则的体现。由此可见,在债务的给付可分情况下,例如,金钱债权多重让与时,数个债权受让人按照份额享有和收取债权,每个债权人不得主张超过其份额的债权,即成立按份债权。

上述关于可分给付(如金钱债权)的债权分割规则当然适用于保理合同中应收账款债权的多重让与。但如前文所述,《民法典》第 768 条的债权让与对外效力规则,可适用或类推适用于应收账款之外的其他债权让与,那么,当债务的给付不可分时,例如,请求转移特定物所有权的债权发生多重让与,债权分割规则的后果更为复杂。此种情况类似"一物二卖"中复数买受人的地位,其对于标的物均享有请求移转所有权的债权。德国民法理论中有少数观点认为,此时仍应贯彻债权平等的原则,由全部的受让人对所有权人的法律地位平等地进行分割,按份共有标的物。此种观点如果在债权让与中一以贯之,则全部受让人之间形成对债权的"准共有"。依债权准共有理论,全部债权人(共有人全体)只能请求债务人向全体为给付,债务人也只能对全部债权人(共有人全体)或其代表人为给付。但如此一来,多重债权让与的后果,将会要求债务人必须找到全部的债权人才能进行给付,从而违背了债权让与不能给债务人增加负担的价值原则。笔者认为,在给付不可分时,数个债权受让人应成立连带债权关系,任一债权人均可请求债务人履行;债务人向任何一个债权人为给付,即可消灭债务;实际受领债权的连带债权人,应当按比例向其他连带债权人返还。此外,根据《民法典》第307条关于共有的规定,"因共有的不动产或者动产产生的债权债务,在对外关系上,共有人享有连带债权、承担连带债务",类推适用于按份共有的债权,也可得出按份共有的债权,在对外关系上也呈现为连带债权、连带债务。总之,不可分给付的债权发生多重转让时,数个受让人之间应成立连带债权,以免给债务人履行义务增加负担。

贯彻债权人平等原则的债权分割规则在价值判断上也是妥当的。在债权多重让与时,不仅涉及"债权人获得清偿"和"债务人保护"的价值对立,也涉及"债权独立行使和便利"的利益。

从债务人保护的角度来看,在债务给付可分时,数个受让人成立按份债权关系,债务人按照确定的份额履行债务;在债务给付不可分时,数个债权人对外成立连带债权关系,债务人可以向任一债权人清偿。无论是按份债权或者连带债权的后果,都没有增加债务人的负担,符合债权让与的基本原则。

从债权独立行使和便利的角度来看,债权分割规则也没有给债权受让人造成不利。在给付可分的情况下,数个债权受让人享有按份债权,可独自向债务人主张债务履行。在给付不可分的情况下,数个债权受让人成立债权准共有,对债务人成立连带债权,任何一人均可主张全部的债务履行,也没有不便之处,只不过超出份额受清偿的债权人,应向其他债权人按比例返还而已。而且,如果受让人不愿意取得共有的债权份额,还可以选择向债权出让人主张损害赔偿。在这个意义上,债权人的地位并不比在先到先得模式中差。

总之,多重债权让与中对抗要件不明时,数个债权受让人按比例享有按份债权,或对于债权成立准共有,或形成连带债权人关系,无论是从理论构造上,还是价值判断上都可以得到合理性论证。从这个意义上说,民法典立法中,当存在数个合理的路径选择时,并不存在绝对的正确答案,最后的规则形成,或许只是取决于立法者的决断。

我国股份质押制度存在的问题及其解决路径
——以与日本法的相关制度比较为视角

王作全[*]

目 次

一、绪言
二、主要法律用语需要更加准确统一
三、相关法律间的职责分工需要更加科学合理
四、股份质押法律制度应有的基本内涵
五、应为股份让与担保提供基础法律制度
六、结语

一、绪言

股份有限公司的股份,因具有其他企业成员的出资份额难以比较的可流通性即极高的可交换性,所以成了最具竞争力、吸引力的标的物。我国自改革开放以来从立法到司法解释高度重视权利质押制度

---

* 作者:青海师范大学教授。

的建设,尤其通过1995年的《担保法》以及2007年的《物权法》等,正式建立了包括股份质押在内的权利质押制度。但总体而言,还存在关键法律用语不统一,民法物权法与相关特别法如公司法等之间的职责分工不清,公司法在股份质押制度的构建方面严重缺位的问题,从立法到理论研究将股份质押的生效要件和对抗要件不加区分甚至混为一谈,以及对实践中的"股份让与担保"缺乏应有的法律对待等问题。只有解决了这些问题,才能建立高质量的股份质押制度。

二、主要法律用语需要更加准确统一

(一)"质权"抑或"质押权"

《担保法》只使用了"抵押""质押"等用语,并未创设相关的担保物权名称。《物权法》《民法典》中担保物权的名称明确使用了"抵押权""留置权"用语,而仅对质押担保中的担保物权名称使用了"质权",而不是"质押权"概念。或许最早受了同样使用汉字的日本法的影响,建议统一使用"质押权"概念,代替"质权"用语,突出我国的特点。

(二)"股权"抑或"出资份额""股份"

出资人投资于企业后所形成的财产性权利的法律用语,对构建权利质押制度尤为重要。但有关这些财产性权利的法律用语,目前很不统一,使用也比较混乱,"股权"成了最普遍的概念。

如何看待已成为我国正规的法律用语并且使用极为广泛的"股权"概念。本文持否定观点。一是将有限公司和股份公司出资人的出资份额混为一谈,明显缺乏合理性根据。二是"股权"抑或"股东权利"原则上都不可能成为具体的法律用语。三是"股份"属于仅限于股份公司的法律用语,其持有者才能被称为"股东",而不能将那些持有的并非"股份"(出资份额)者也称为"股东"。

三、相关法律间的职责分工需要更加科学合理

就股份质押制度而言,我国民法物权法与作为特别法的公司法等之间,存在明显的职责越位或职责不清等突出问题,严重影响股份质押制度的构建。

(一)相关法律间职责分工存在的突出问题

1. 民法物权法的职责越位问题等

(1)《担保法》以及《担保法司法解释》存在的职责越位问题。作为设定担保物权的《担保法》等,应该履行各类担保物权设定如何成立的问题,而不是担保合同如何生效的问题,混淆了物权关系与债权关系的界限,存在明显的职责越位问题。

(2)《担保法》、《物权法》以及《民法典》存在的职责越位问题。本来作为民事关系的一般法,以财产性权利的经济价值和交换价值(流通性)等为条件,仅规定"质押权,可以财产性权利为标的"即可,但《担保法》到《物权法》再到现行的《民法典》,并未对上述意义的一般权利质押作出规定,而是以列举的方式囊括了那些本应由公司法、票据法以及知识产权法等规定的特别权利,比如股份、债券、应收账款等。

(3)民法物权法没能充分贯彻"契约自由"原则的问题。《物权法》以股份是否上市交易为标准强制规定,或以在证券登记结算机构的登记为生效要件,或以在工商行政管理部门的登记为生效要件。不符合民法的契约自由原则。

(4)民法物权法对股份质押生效要件和对抗要件的认识有偏差,或存在将二者混同的问题。现行《民法典》等仍然存在将强制性登记公示规定为股份质押的生效要件,完全忽略了生效要件与对抗要件的不同,或者说将股份质押在某种条件下的对抗要件(登记公示)直接规定为股份质押的生效要件,大大限制了股份质押融资应有的灵活性,不利于股份质押融资业的发展。

实际上,据日本公司法学者介绍,在日本大量股东为了既保持股东的地位和资格,又能通过股份质押实现融资等目的,往往要选择所谓的"简式股份质押",而对所谓的"登记式股份质押"敬而远之。

2. 我国公司法存在的问题

我国公司法存在的最大问题就是未能履行应当履行的职责,造成股份质押制度在公司法上的明显缺失。

(二)民法物权法与公司法间应有的职责分工协作关系

1. 我国民法物权法:作为创设担保物权的民法物权法,应当坚守一般法的职责,将制度构建的重点放在以经济价值和交换价值为条件的一般权利质押权的创设上,至于哪些权利可成为权利质押的标的物等,应当由相关的特别法做出具体安排。

2. 我国《公司法》:我国《公司法》通过修法应及时且全面系统地补齐有关股份质押制度严重缺失的短板,对特别权利质押的股份质押作出全面规定。

四、股份质押法律制度应有的基本内涵

借鉴现行日本公司法及其特别法的相关制度,我国《公司法》通过修法应当规定如下的基本制度内容。

(一)应由《公司法》明确规定股份的可质押性

首先在有关股份公司的"股份"部分明确规定,股东在其所持有股份上可设定质押。与这一制度规定相关联,对我国现行《公司法》的篇章结构作出必要调整,或者加上一个"等"字,即将标题修改为"第五章 股份有限公司的股份发行和转让等";或者将该章标题极其简明地修改为"第五章 股份有限公司的股份",在该章下可增设"第三节 股份质押"等。

(二)建立健全基于股份表现形式的生效要件和对抗要件制度

1. 我国现行《民法典》显现的问题

对于动产物权变动的生效要件,我国现行《民法典》坚持了交付生效要件原则,但就股权质押的生效要件等,该法典第443条第1款却规定,"以股权出质的,质权自办理出质登记时设立",有悖于动产交易的交付生效原则。

2. 我国股份公司股份的多样化表现形式

股份在公司法上实现了表现形式的多样化,如股票式股份、非股票式股份以及簿记式股份等。可将我国股份公司股份的表现形式分为两大类,即实物券股票式股份和簿记式股份(含各类记账式股份),前者又分为记名股票和无记名股票。

3. 基于股份表现形式的生效要件和对抗要件

(1)股票式股份质押的生效要件和对抗要件

一是对于记名股票式股份的质押,应明确规定,以记名股票出质的,其质押在出质人以背书方式将其记名股票交付给质押权人时生效。质押权人对该记名股票式股份的持续占有可对抗其他第三人。但是,未将质押权人的姓名等信息记载于股东名册的,不得以此对抗公司。

二是对于无记名股票式股份的质押,应明确规定,以无记名股票出质的,其质押在出质人将其无记名股票交付给质押权人时生效,对该股票的持续占有可对抗公司及其他第三人。但若以股份质押对抗公司及其他第三人,须经股份出质人或者质押权人的申请将有关质押关系的信息记载于股东名册。

(2)簿记式股份质押的生效要件和对抗要件

对于簿记式股份,应当明确规定,以簿记式股份出质的,以在股份质押权人的簿记账户中(设有"质押权"专栏的在该专栏里)进行接受相关股份数增加的记载时生效。该记载可同时对抗公司及其他第三人。

为了增强制度规定的可执行力,还应该建立簿记账户管理机构与公司之间的信息交流机制,即明确规定账户管理机构的"全体股东通知"义务。此外借鉴日本的做法,等条件成熟时我国也应该制定专门规范簿记式股份等有价证券转账法或更加专门的股份转账法。

对于既不是股票式股份也不是簿记式股份的股份,按照民法契约自由和意思自治的原则,只要在契约中未做特别约定,质押自该契约成立而生效(生效要件),但未经出质人的申请将质押权人的相关信息记载于股东名册(对抗要件),当事人尤其是股份质押权人不得以股份质押对抗公司及其他第三人。

(三)健全股份出质人和质押权人的相关请求权等制度

我国《公司法》一是应该规定股份出质人的股东名册相关信息记载请求权;二是应该规定股份质押权人从公司申请得到相关书面文件的权利;三是根据登记式股份质押的法律效果,我国《公司法》还应该对公司通知或者催告质押权人的免责效力以及拟制到达效果作出规定。

(四)健全保护股份质押权人的物上代位权及其行使程序制度

民法有关担保的物上代位权的规定(第390条),根本无法满足股份这类极其特殊的担保标的物对物上代位权的需求。现行日本公司法根据股份作为质押标的物时的特殊性,作出了特殊规定,建立了较完整的股份质押关系中的物上代位权制度。

首先,现行日本公司法第151条第1款规定,股份公司实施下列行为时,以股份为标的物的质押权,就该股份的股东通过该行为可接受的现金及其他财产而存在。这些行为是:①附取得请求权股份的取得,②附取得条件股份的取得,③附全部取得条件股份的取得,④股份合并,⑤股份分割,⑥股份无偿配置,⑦新股预约权的无偿分配,⑧盈余金分配,⑨剩余财产分配,⑩组织变更,⑪公司合并,⑫股份交换,⑬股份移转,⑭上述①~③之外的股份取得。

其次,现行日本民法、公司法规定了股份质押权人行使物上代位权的特别程序制度。即股份质押属于"简式股份质押"时,在公司向股份出质人即股东交付上述的相关现金及其他财产前,原则上质押权人须扣押该标的物(日本民法第304条第1款但书)。

五、应为股份让与担保提供基础法律制度

在担保融资的现实中,股份让与担保作为一种非典型担保模式,同样受到了青睐。

与股份质押相比,其优势就在于因股份向债权人方面的转移,实现了标的物股份与担保人其他责任财产的有效分离,最大限度地降低了债务不履行等所面临的法律风险。

从日本股份让与担保发展的实践来看,日本公司法有关股份质押的全面规定,成了解释股份让与担保的重要法律依据。我国《公司法》也应构建如上所述的完善的股份质押制度,这些制度规定同样会成为在实践中已经得到广泛发展的股份让与担保的基础制度,进而也能为法院解决股份让与担保纠纷提供合理解释的法律依据。

六、结语

只有通过《民法典》《公司法》等正式的国家法律建立健全权威的股份质押制度,才能为我国股份担保等股份交易市场划定基本的法律制度框架,效力低于国家法律的其他法规都必须在该法律制度框架内承担应有的职责,发挥应有的作用。也唯有如此,才能从根本上有效防止部门利益的充斥和地方保护主义的影响。

隐名合伙
——出资合同的一般法化

得津 晶[*]　夏静宜^{**}

目　　次

一、序言
二、隐名合伙的机制与利用方法
三、隐名合伙在私法上的特质
四、依据民法上的合同实现隐名合伙合同
五、2017 年民法(债权法)修改过程中有关"内在合伙"的讨论
六、出资合同的一般法化需求

一、序言

今年是中日民商法研究会成立 20 周年。2020 年,中国民法典编纂

＊　作者:东北大学副教授。
＊＊　译者:扬州大学副教授。
　　本文为(公财)野村财团及び科学研究费补助金(课题番号:19K01362)研究成果的一部分。

完成。因此,本届中日民商法研究会的报告主题是民法典以及民法典的内容。作为商法和公司法的研究者,我的报告将围绕民法典与商法典的关系以及商法上的合同展开,以此庆祝中国民法典的成功编纂。

我在(2017 年)第 16 届大会上曾就商法典中应当规定何种事项发表报告。① 我认为,与下列各项相关的事项应当是商法的规定内容:①商法的适用范围,②商业登记,③辅助商(居间、行纪、代理商),④营业让与和承继,⑤一定的合同类型(商事典型合同)。② 上述①至⑤之中,关于商事典型合同存在如下问题:为何一部分典型合同并非规定于民法之中,而是规定于商法之中。在商事典型合同中,有些合同类型——比如,交互计算合同,无法仅仅通过对民法合同进行组合的方式创设出来。因此,我提出,存在某些仅限于商法适用领域的典型合同。③

本次报告将以作为⑤商事典型合同的具体素材的隐名合伙合同(日本商法第 535~542 条)为对象展开研究。隐名合伙合同是什么? 隐名合伙合同能否通过组合民法合同的方式予以实现? 为何必须将其规定在商法之中? 本次报告将就上述问题进行探讨,揭示商事典型合同的意义以及存在的问题。④

二、隐名合伙的机制与利用方法

商法上的隐名合伙,是指当事人一方(隐名合伙人)向相对人(营业人)出资,分享该项营业所生利益的合同(商法第 535 条)。隐名合伙虽

---

① 得津晶〔刘惠明译〕:《商法典应规定什么内容?》[商法典(総則・商行為総則を中心に)に何を規定すべきか?],载渠涛主编:《中日民商法研究》(第 17 卷),法律出版社 2018 年,第 229-246 页。

② 参见:得津晶〔刘惠明译〕:《商法典应规定什么内容?》[商法典(総則・商行為総則を中心に)に何を規定すべきか?],载渠涛主编:《中日民商法研究》(第 17 卷),法律出版社 2018 年,第 242 页。

③ 得津晶〔刘惠明译〕:《商法典应规定什么内容?》[商法典(総則・商行為総則を中心に)に何を規定すべきか?],载渠涛主编:《中日民商法研究》(第 17 卷),法律出版社 2018 年,第 244 页。

④ 此外,关于商法典以及商事典型合同的意义参见:得津晶"商法典を置く意義——商法は本当に必要なのか",载《民商法雑誌》第 158 卷第 1 号。

然是"合同",但有时候也可以将其与公司、信托等并列,划分到组织法的范畴。⑤

作为出资人的隐名合伙人向开展营业活动的营业人出资财产。出资的财产归属于营业人(商法第 536 条)。营业人运用出资财产和自己的固有财产开展营业活动。营业人基于营业而开展的交易,其法律上的效果仅归属于营业人,隐名合伙人与营业人的交易相对人之间并不存在直接的法律关系(商法第 536 条Ⅳ)。并且,营业人应将营业活动中产生的利益分配给作为投资家的隐名合伙人(商法第 535 条)。此外,在解释论上,一般认为,营业人在开展营业活动之际,对隐名合伙人负有善管注意义务。⑥ 依据这些规则,可以将隐名合伙人定位为对营业人的营业活动负有限责任的投资家。

不同于公司,隐名合伙本身不具有法人格。尽管如此,隐名合伙的营业人与隐名合伙人的关系接近于公司(或者业务执行人)与股东(社员)的关系,因此,可以被评价为以开展共同经营为目的的组织法。

在日本,此种隐名合伙制度得以运用,主要是基于税制上的理由。营业人在营业活动中获得利益,并将其分配给隐名合伙人的情形,该项分配利益将作为营业人的必要经费或损失金,从课税利益中扣除。⑦ 与之相对,公司的情形,即使公司在获得利益后立刻向股东分红,在公司获得利益的阶段,对于其所获得的全部利益,将征收法人税(法人税法

---

⑤ 参见:神田秀樹著《会社法》(第 23 版)(弘文堂 2021 年)第 2 页。

⑥ 最判昭和 28(1953)·9·6 判决,载《判時》第 2327 号第 82 页。学说多主张类推适用民法第 671 条规定,肯定善管注意义务(第 644 条)。参见:近藤光男:《商法総則·商行為法(第 8 版)》(有斐閣 2019 年)第 174 页;落合誠一等:《商法Ⅰ——総則·商行為(第 6 版)》(有斐閣 2019 年)第 280 页(山下友信执笔部分);弥永真生著《リーガルマインド商法総則·商行为法(第 3 版)》(有斐閣 2019 年)第 164 页;田邊光政:《商法総則·商行為法(第 4 版)》(新世社 2016 年)第 251 页、平出慶道《商行為法(第 2 版)》(青林書院,1989 年)第 334 页;西原寛一:《商取引法》(有斐閣 1960 年)第 181 页。

⑦ 参见西村あさひ法律事务所编:《ファイナンス法大全·下〔全訂版〕》(商事法務,2017 年)第 1027 页(伊藤剛志执笔部分)、所得税基本通達 36·37 共-21の2,载《法人税基本通達》14-1-3。此外,营业人产生的损失也可以计入隐名合伙人的损失金,参见:法人税基本通達 14-1-3 前段、金子宏著『租税法理論の形成と解明·下卷』(有斐閣 2010 年)第 35 页("匿名組合に対する所得課税の検討")。

第5、21、22条）。此外,从公司接受分红的股东就其所接受的分红也要被征收法人税（法人股东的情形）或者所得税（自然人股东的情形）,这被称作"双重课税"。在隐名合伙中,课税仅仅发生在隐名合伙人接受分红的阶段。[8] 由于能够回避此种双重课税问题,隐名合伙被运用于航空器、金融以及不动产投资机制等投资活动之中。

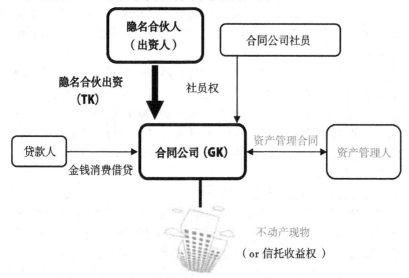

图1　隐名合伙的不动产投资机制

试以不动产投资为例,对运用隐名合伙的投资机制进行说明（图1）。[9] 这里,不妨设想从金融机构获得贷款,购买不动产,并运用该项不动产获取利益（作为公寓获得租金收入等）的情形。我们来创设一个法人格,由它来保有作为投资对象的该项不动产。由于运用该项不

---

[8]　关于隐名合伙人接受的分红,所得税基本通达36・37共-21 将其作为"杂项所得"（"雑所得"）处理。也有学者主张,应当与合伙作相同理解,即经营所得。

[9]　参见西村あさひ法律事务所编:《ファイナンス法大全・上（全訂版）》（商事法務 2017 年）第 676-678 頁（前田憲生执笔部分）。

动产的法人⑩仅仅运用不动产,而不从事其他经营活动,采用简单的组织形态较为理想。因此,通常会选择较之股份公司而言更为简单的合同公司。并且,向合同公司出资之际,并非以社员的身份出资,而是以投资家的身份,通过与合同公司订立隐名合伙合同的形式出资。投资家是隐名合伙人,运用不动产的合同公司是营业人。若采用这种形式,只要将运用不动产的利益立刻分配给投资家(或者即使不立刻分配给投资家⑪),由于利益被作为损失金,因此不会向合同公司课税,从而可以回避双重课税。

在合同公司中,当然有社员。但是,若将利益分配给社员,则将面临双重课税。因此,采用原则上向隐名合伙人分配利益的形式。这是因为,向隐名合伙人分配的利益可以作为必要经费或者损失金,从营业人的课税利益中予以扣除。此外,仅凭隐名合伙人的出资不足以实施经营的情形,还可以通过与金融机构等订立贷款(金钱消费借贷)合同的方式获得融资。

由于设立合同公司的目的是开展不动产投资,因此,合同公司中不存在任何以开展经营活动为目的的组织。因此,为了实现不动产的实际运用,合同公司会与资产管理人订立资产管理合同,由资产管理公司实际运用不动产。资产管理人将获得资产管理合同约定的报酬收益。

这种通过组合隐名合伙与法人(合同公司)的方法回避双重课税的投资机制被称作"GK—TK 机制",是一种为金融律师(金融领域的专业律师)所熟知的、有名的投资机制。

---

⑩　实际上,多数情形,合同公司(隐名合伙合同中的营业人)并不直接保有、运用不动产,而是作为信托受托人将不动产信托给其他经营者运用,合同公司保有信托受益权。原因在于,接受出资进行不动产投资,以获得不动产特定共同经营法上的许可为必要(不动产共同经营法3条),合同公司很难满足该项许可的要件,尤其是一定财产基础要件和人员构成要件(不动产共同经营法第6、7条)。此外,不动产运用内容涉及以买卖住宅用地或建筑物为业的情形,还需获得住宅建筑物交易业法上的许可(住宅建筑物交易业法第3条),很难想象作为投资机制的合同公司能够获得此种许可,这一点也是运用信托形式的理由。参见前注西村あさひ著书(前田执笔部分)。

⑪　参见所得税基本通达14-1-3、金子宏著『租税法理論の形成と解明・下卷』(有斐閣2010年)第38页("匿名組合に対する所得課税の検討")。

三、隐名合伙在私法上的特质

如前文所述,在日本,隐名合伙制度得以广泛应用,主要是源于税法上的处理。租税法并非本次研究大会的主题,我也并非税法方面的专家。但是,作为租税法律主义归结(corollary)之一,租税法上的处理,首先,特别要求以私法上的法律关系为基础。⑫ 作为租税法上处理的前提,有必要明确隐名合伙合同在私法上具有何种特征。因此,我们首先需要确认,隐名合伙合同回应了私人间的何种需求,以及,相较于其他合同而言,在哪些方面存在差异。

无论是不动产投资还是航空器租赁,为一定经营活动而提供资金的手段,首先想到的是民法上的金钱消费借贷合同(民法第 587 条)。金钱消费借贷合同的情形,必须附加利息清偿。无论何种经营主体,都可以将这种清偿作为税法上的必要经费或损失金,从课税所得中予以扣除。换言之,金钱消费借贷合同的情形,完全不会发生双重课税的问题。若仅以回避双重课税为要义,则运用金钱消费借贷合同即可,无须运用隐名合伙合同。

但是,基于金钱消费借贷的贷款与基于隐名合伙合同的出资,其性质截然不同。金钱消费借贷无法成为隐名合伙合同的替代物。两者的区别在于,隐名合伙合同的出资人能够接受的是"利益"的分配。换言之,若营业人的营业活动中没有产生利益,则出资人无法从营业人处获得利益分配。相反,营业活动产生巨大利益时,出资人可以基于当初订立的合同内容享有全部利益。与之相对,无论借款人的经营活动是否成功,金钱消费借贷合同的债权人(贷款人)都可以请求本金以及当初约定的利息。即使借款人的经营活动获得极大成功,贷款人也只能请求当初约定的本金和利息。即使借款人的经营活动失败,贷款人仍然可以请求当初约定的本金和利息。借款人陷于支付不能时,尽管贷款人的债权沦为"画中之饼",但其仍然可以追究相对人的债务不履行责任;在破产程序中,也可以作为债权人申报债权。而隐名合伙人的情

---

⑫　参见金子宏:《租税法(第 24 版)》(弘文堂 2021 年)第 127 页。

形,既然没有利益,也就根本没有债权,因此,其无法追究相对人的债务不履行责任,也无法作为破产程序上的债权人启动破产程序或者申报债权。

一般而言,利益是收益扣除费用后剩余的部分。[13] 费用由各种项目构成,其中包括债权人的应得份额。因此,所谓利益,是指扣除以债权人为首的其他利害关系人的应得份额后剩余的部分,即"剩余权"(residual right)。由此可知,隐名合伙合同中的出资人(隐名合伙人)与公司中的社员一样,都可以被评价为"剩余权人"(residual claimants)。通常民法上的债权人与社员等剩余权人的区别,一直以来,被作为 Debt(Debt holders)与 Equity(Equity holders)的区别予以讨论。[14]

依据至今为止的讨论,Debt 与 Equity 在如下三方面存在差异。首先,①请求金额是否确定。关于这一点,前文已有说明。作为 Debt holders 的债权人可以在当初约定的履行期到来时请求当初约定金额的金钱支付(民法第 414 条 I)。与之相对,经营活动越成功,作为 Equity holders 的出资人可以接受均分的利益就越多。但是,若经营失败,则一日元也得不到。质言之,出资人可以请求的金额并不确定。

从请求金额确定性中推导而出的性质是②债务不履行(default)的有无。相对人不能向 Debt holders 清偿当初合同约定的金额时,成立债务不履行。Debt holders 可以追究相对人的损害赔偿责任(民法第 415条),依据民事执行法请求强制执行,或者利用破产程序等。与之相对,若无利益,则 Equity holders 不得请求债务不履行的损害赔偿或强制执行,也不得申请破产。

从上述性质①②可知,Debt holders 倾向于确定地获得当初约定的金额。换言之,Debt holders 所希望的是低风险、低回报的营业活动。与之相对,对于 Equity holders 而言,利益越多,赚钱越多,因此,相较于 Debt holders 而言,更希望高风险、高回报的营业活动。从社会财富最大

---

⑬　参见:International Accounting Standard 1 Presentation of Financial Statements, Definitions 7;讨论资料"財務会計の概念フレームワーク"(2006 年 12 月)第 3 章 11。

⑭　以下说明参见伊藤雄司等:《会社法》(日本評論社 2021 年)第 3-5 页(得津晶执笔部分)。

化的观点出发,更应当开展仅凭自然人个人无法实施的高风险、高回报的经济活动。开展此种经济活动之际,应当将③经营支配权、监督权赋予 Equity holders,而非 Debt holders。

隐名合伙合同中的隐名合伙人尽管不能直接执行业务,但是享有资产负债表的查阅誊写权、业务状况/财产状况检查权(商法第 539条),而这正是③经营监督权限的体现。

如此,所谓隐名合伙合同,是指采用不同于通常民法上的金钱消费借贷合同的 Equity 或"出资"形式的资金提供合同。出资的情形,不同于民法上的"借贷",以金额未确定的形式提供资金成为可能,更适合高风险、高回报的经营活动的资金提供成为可能。能够采用这种"出资"的形式提供资金,是隐名合伙合同在私法上的特质。⑮

四、依据民法上的合同实现隐名合伙合同

采用出资的形式提供资金,除了商法上的隐名合伙合同之外,还有没有其他的实现方法?

如前文所述,公司的社员、股份公司的股东正是"出资"的典型。因此,利用公司法等组织法进行出资是可能的。问题是,除了这些创设新的法人格的方法之外,能否运用民法上的合同实现出资?

利用与法人法类似的民法上的合伙合同(民法第 667 条)制度,是一种可能的思路。但是,在废除合伙—社团二分论的现在的日本法上,订立合伙合同,可能被认定为无权利能力的社团(民事诉讼法第 29 条

---

⑮　此外,将隐名合伙合同理解为出资合同的情形,无论是隐名合伙人向营业人缴付出资财产,还是营业人向隐名合伙人分配利益,均应该当资本交易或资本等交易(法人税法第 22 条Ⅱ、Ⅲ③),因此,不应将其理解为税法上的损益交易,将利益分配作为必要经费或损失金的现在的处理方法[前注(7)该当本文],在理论上也应予修正。

等)。⑯ 尽管是合伙,仍旧会发生与法人格类似的效果。

能否在不创设新的法人格的前提下,在当事人双方之间(或者复数当事人之间)实现出资?作为当事人双方之间的资金提供合同,民法准备的,是金钱消费借贷合同。在这种金钱消费借贷合同中,能否通过达成特别合意的方式实现"出资"?比如,附加借款人向贷款人"返还与产生利益相当金额的金钱"或者"返还以产生利益的金额为标准算定的金钱"等特殊合意的金钱消费借贷合同是否可能?

民法上的消费借贷合同以达成"返还相同种类、品质及数量的物"的合意为必要(民法第587条),附利息的情形,基于利息合同的利息请求权被理解为不同于消费借贷合同上的贷款返还请求权的诉讼物。⑰若将此种理解贯彻到底,则消费借贷合同中,出借人交付的物与借用人负有返还义务的物不仅应当种类、品质相同,而且应当数量相同,这一点是消费借贷合同的本质要素。因此,以负有与交付金钱不同金额的返还义务为内容的合同,有可能不被定性为金钱消费借贷合同。问题是,此种情形,能否将其作为无名合同的一种,以所谓"出资合同"的名义予以认可?

然而,如果说,基于金钱消费借贷合同的返还请求权的要件事实仅限于"金钱返还的合意"⑱,那么就不一定要求金额的同一性。一般认为,金钱消费借贷合同的清偿额可以依据特约而变更。

但是,将其定性为金钱消费借贷合同的情形,可能存在如下几个问题。首先,依据任意规定,清偿额为同一金额即可,因此,相较于任意规定而言,要求一旦产生利益就应当清偿该项利益(的一定比例)这一点

---

⑯ 参见新堂幸司:《新民事诉讼法(第6版)》(弘文堂2019年)第146页。依据以下判例——即最判昭和37(1962)·12·18《民集》第16卷第12号第2422页〔民法上的组合〕、最判昭和42(1967)·10·19《民集》第21卷第8号2078页〔任意的地域住民团体〕、最判平成14(2003)·6·7《民集》第56卷第5号第899页〔預託金会员制ゴルフクラブ〕——应当对财产基础和以代表人选任等对外活动为目的的内部规约这两个要素作综合判断,认定民诉法第29条的当事人能力。

⑰ 参见司法研修所编:《3訂 紛争類型別の要件事実》(法曹会2021年)第27页;冈口基一著《要件事実マニュアル2(第6版)》(ぎょうせい·2020年)第163页。

⑱ 参见:前注(17)司法研修所编书第27页、冈口论文第163页。

可能成为对相对人不利的条款。消费者合同的情形,可能成为消费者合同法第 10 条不当条款规制的对象;依据定型化格式条款(民法第 548 条之二)订立合同的情形,可能成为民法第 548 条之二第 2 款不当条款规制的对象。

更为严重的问题是,此种合同还可能成为利息限制法的适用对象(利息限制法第 1 条)。因营业活动成功致使利益分配额超过利息限制法的利息上限时,超过部分可能因利息限制法的规定而无效。

追本溯源,在历史上,"出资"本就是针对海上冒险借贷中仅在经营活动成功时支付的高利息的金钱,为逃避利息规制的适用而创设出的概念。[19] 并且,出资的情形,营业成功时固然可以获得高额的利益分配,失败时则连一日元都得不到。从这种意义上说,恰好维持均衡,不宜盲目适用利息限制法上的利息上限。

如此,依据民法上的金钱消费借贷合同,实现出资合同,虽然在理论上并非不可能,但由于涉及消费者合同法和民法定型化格式条款规定中的不当条款规制(内容规制)以及作为强行法规的利息限制法的适用,在实施上存在障碍。

可能的解决方案是,不将隐名合伙合同作为商法上的合同,而是在民法上,采用"出资合同"的形式,对其作一般规定化。

法国法经由 1978 年的修改,将此前商法典中的"商事隐名合伙"(1807 年法国商法第 42~45 条)移至民法典合伙(société)编之中(法国民法典第 1871~1873 条)。如此,可以认为,在法国,隐名合伙既可以民事经营为标的,也可以商事经营为标的,隐名合伙合同实现了一般法化。与之相对,在德国,隐名合伙与商事公司一样,被编入商法典公司编之中(德国商法典第 230~236 条)。[20] 在本报告中,我建议采用前者,

---

⑲　参见ゴットフリード・シーマン(瀧澤栄治＝西村重雄 译):"商法としてのローマ法",载《法政研究》第 53 卷第 3 号(1987 年)473-474 页;柴田光蔵:"ROMAHOPE-DIA(ローマ法便覧)第五部",载《Research Paper》(2018)第 55 页(http://hdl. handle. net/2433/230845)。

⑳　参见高田晴仁:"匿名組合",载北居功＝高田晴仁编:《民法とつながる商法総則・商行為法(第 2 版)》(商事法務 2018 年)第 300 页。

即法国法的方向。

五、2017年民法(债权法)修改过程中有关"内在合伙"的讨论

在2017年民法(债权法)修改过程中,关于应当在民法规定中实现隐名合伙合同的动向,也曾展开讨论,即围绕"内在合伙"的讨论。尽管这一点在修改后的法律条文中并未实现,但直至"中间论点整理"(平成23年4月12日决定)阶段,一直存在导入"内在合伙"规定的相关讨论。[21]

不过,在民法(债权法)修改过程中,关于"内在合伙"的讨论的重点是如何看待隐名合伙合同中复数隐名合伙人相互间的法律关系(内在合伙)以及如何合理调整合伙人之间的权利义务关系。[22]

依据本报告的梳理,在隐名合伙合同中,隐名合伙人是否为复数,并不重要。毋宁说,在隐名合伙人与营业人均仅为一人的"纯粹"的合同中,无须设想新的法人格或组织即可实现"出资合同"这一点才是隐名合伙合同在私法上的特征。[23]

不得不说,民法(债权法)修改过程中有关"内在合伙"的讨论未能把握住隐名合伙合同的本质。

六、出资合同的一般法化需求

那么,将隐名合伙合同作为出资合同予以一般法化,具有哪些优点? 可能存在何种运用方法? 抛开税法上的优点不论,我想就在私法上认可此种合同的实益进行说明。

首先,有必要明确的是,现行商法上的隐名合伙合同,依据条文规

---

[21] 参见:《民法(債権関係)の改正に関する中間的な論点整理》(平成23(2012)年4月12日決定)第174頁(第53 組合6)、民法(債権法)改正検討委員会《債権法改正の基本方針》(2009)[3.2.13.29]。

[22] 参见民法(債権法)改正検討委員会编:《詳解・債権法改正の基本方針Ⅴ》(商事法務2010年)第319頁。

[23] 主张有关内在合伙的讨论在合伙组织不出场这一点上具有意义的文献,参见前注(20)高田论文第303页。

定,其适用对象并未限定为商人或商行为。从这个意义上说,似乎已经实现了一般法化。但是,依照商法535条的规定,隐名合伙合同的出资应当以"营业"为目的,并且被分配的利益也应当从"营业"中产生,以营业的存在为必要。因此,营业人通常必须是商人。㉔ 此种"营业",是指开展营业(主观意义上的营业),意味着以营利为目的反复持续同种行为。这里的营利目的被解释为通过对外交易获取利益的目的。㉕ 故而,①对外交易、②利益获取目的、③反复持续性是不可或缺的三要素。

针对不满足上述三要素的活动的出资合同,是否也能得以认可?针对欠缺要素①对外交易和要素②利益获取目的的活动的出资合同,是否也能得以认可?若对照"营业"一词,将此种活动称作"经营"(日文原文为"事业"——译者注)活动,则针对经营活动的出资合同是否也能得以认可?㉖

这正是前述法国法选择的方向。与之相对,如前文所述,在德国法上,直至现在,隐名合伙合同仍包含于商法公司编之中。不过,值得注意的是,在德国法上,商法的适用基准并不以营利目的(利益获取目的)

㉔　西原寛一:《商取引法》(有斐閣1960年)第177页;平出慶道《商行為法(第2版)》(青林書院1989年)第327页;田邊光政:《商法総則·商行為法(第4版)》(新世社·2016年)第246页;近藤光男:《商法総則·商行為法(第8版)》(有斐閣2019年)第173页。

㉕　参见北村雅史编:《スタンダード商法Ⅰ　商法総則·商行為法》(法律文化社,2018)第18页(北村雅史执笔部分);森本滋:《『会社法·商行為法手形法講義〔第4版〕》(成文堂2014)第7页;関俊彦:《商法総論·総則(第2版)》(有斐閣2006)第110页、森本滋编《商法総則講義〔第3版〕》(成文堂,2007)第34页〔洲崎博史〕、鴻常夫《商法総則〔新訂第5版〕》(弘文堂1999)第102页、大隅健一郎《商法総則〔新版〕》(有斐閣1978)第91页、服部栄三《商法総則〔第3版〕》(青林書院新社1983)第174页、近藤·前注(6)文献第20页;落合·前注(6)文献第32页(大塚龍児执笔部分);弥永·前注(6)文献第13页;田邊·前注(6)文献第38页。

㉖　不过,通过从商法适用基准(商人概念、商行为概念)中排除①对外交易要件和②利益获取目的要件的方式,也可以实现正文所述出资合同一般法化的意义。参见:得津晶"総論:形式的意義の商法と商法の適用範囲",载《法学教室》第499号(2022年4月号)。

为要件。㉗法国法则与日本法相同,商法的适用基准,即"以其为业"(法国商法 L121—1),以利益获取目的为要件,㉘但是,在法国法上,隐名合伙已成为民法上的制度。并且,无论德国还是法国,均认可无营利目的的隐名合伙合同,这一点与日本法现在的立场不同。

那么,从隐名合伙合同中排除②利益获取目的的要件和①对外交易要件,实现出资合同的一般规定化,可能带来何种实益?

比如,现在,在日本,很多人都想进入医学院学习。作为法学院、法科大学院的教员虽然感到不服气,但医生的收入确实高于律师,医学院毕业后医师国家考试的合格率也高于司法考试的合格率。但是,为了成为医生而支出的医学院教育费用高昂。私立大学医学院的学费尤其高昂,平民子弟很难承受。国立大学医学院的学费与其他学院的相同,因此相对便宜,也正因如此,人气非常高,入学考试的难度极大。实际上能够通过这种难关一般的入学考试,进入国立大学医学院学习的学生,多数来自能够为其复习考试提供充足资金的富裕阶层。

我认为,将出资合同一般法化,排除"营业"要件,可以帮助希望进入医学院学习的、成绩优秀的高中生解决私立大学医学院的学费问题,通过订立出资合同的方式向他们提供资金。如此,将为一般平民家庭的高中生进入医学院深造,成为医生拓宽道路。如果说,作为医生的利益就是职业医生的报酬,依据以往的理解,应属内部交易,不满足①对外交易要件,进而不满足营业要件。若排除营业要件,则分配该种利益的出资合同就成为可能。医学院毕业,通过医师国家考试后,拿出作为医生所得的报酬等利益中的一定比例,作为回报提供给投资人。未能通过医师国家考试的情形,未能成为医生的情形,或者尽管成了医生,但收入较低的情形,由于"作为医生的利益"不存在(或者较小),因

㉗ Claus-Wilhelm Canaris, Handelsrecht 24. Aufl., 2006, S. 23, §2 Rn. 14. 另参见山下友信:"商法の现代化と商人概念",载《同志社法学》第 71 卷第 1 号(2019)第 99 页、田邊宏康:"商法の適用範囲を画する営利目的について",载《專修法学論集》第 141 号(2021)第 31 页;得津晶·前注(4)文献。

㉘ Louis Vogel, G. Ripert/ R. Roblot, Traité Droit Commercial Tome 1—Volume 1, 18e edition, 2001, p. 105.

此，即使分配额低于出资金额，也无须承担债务不履行责任。

此种合同要求在较长期间内（有时甚至是一生）将作为医生的利益的一定比例持续支付给投资人，某种程度上，仿佛是一种"奴隶合同"。但是，此种情形，对于作为医生的利益的分配比例以及利益分配期间，可以从公序良俗的观点课以一定制约。㉙ 此外，对比若无出资合同则根本无法成为医生这一点，即使合同约定投资人可以无限期地接受利益分配，也很难断言该项合同欠缺社会相当性。㉚

上述私立大学医学院升学的事例绝非孤例。还有一些对社会有意义的活动也可能通过将商法上的隐名合伙合同作为出资合同予以一般法化的方式而得以实现。我认为，为了揭示"隐名合伙合同"是不同于合伙等具有强烈团体法、组织法性质的制度，是与金钱借贷合同并列的资金提供合同的一种形式，也应当将其作为出资合同予以一般法化。

㉙ 参见：关于集合债权譲渡担保的最判平成 11(200)·1·29 判决，载《民集》第 53 卷第 1 号第 151 页。

㉚ 同样是关于集合债权让与担保，未言及期间限制的案件，参见最判平成 13·11·22 民集第 55 卷第 6 号第 1056 页。

中日民商法研究（第二十卷）

知识产权

论知识产权法上的定限权法定主义

解　亘*

目　　次

一、问题的提起
二、现状
三、定限权法定抑或自由的正当性
四、代结语

一、问题的提起

本文关心的问题是,在知识产权法领域是否存在着与物权法定相对应的定限权法定? 换言之,知识产权的权利人在为他人设定定限权时是否也受到类型强制和内容固定的约束呢? 具体包括:现行法是如何回应上述问题的? 是否存在不足? 在立法论上又当如何应对? 此外,在知识产权法内部,是否应该步调一致,还是有可能因为知识财产之类型的差异而允许差异化?

---

*　作者:南京大学法学院教授。

二、现状

在现行法上并没有相应的规则。切入点只能是知识产权的许可制度。

在判断现行法关于定限权法定主义的立场时,首要的前提是要确认现行法上的许可是否能取得用益权的效果。此外,用益权的发生意味着权利变动。既然是权利变动,自然离不开公示手段的伴随。公示手段恰恰是物权法定主义的关键所在。因此,在检视现行法立场时,还需要从公示制度的角度作检验。

(一)许可的类型

现行法一般按照可以使用(商标、作品)或实施(专利)的人数,将知识产权的许可三分为独占许可、排他许可和普通许可,或者两分为专有许可和非专有许可。按照最高人民法院的理解,所谓独占许可,是指权利人在约定的期间、地域和以约定的方式许可一个被许可人使用或实施,权利人自己也不得使用或实施。至于何为著作权的专有许可、何为非专有许可,未见定义。

在知识产权法上对许可的三分或者两分,究竟有何意义呢?

(二)独占许可、专有许可的法律效果

1. 与在先许可的关系

如果现行法上的独占许可、专有许可都是仅仅限于债权效力的,那么基于债之相对性,独占许可人原本就不能对抗在先许可。反之,如果独占(专有)许可的被许可人享有的是用益权,而用益权在本质上就是权利的设定性部分转让,那么,从逻辑上可以得出独占许可人可以排除在先许可的结论。那么,现行法的立场究竟如何呢?商标法和专利法就权利自身的转让与在先许可之间的关系设置了转让不破在先许可的规则。考虑到用益权的设定与权利自身的转让都属于权利变动,举重以明轻,可以认为具有对世效力的独占许可也不能破在先许可。既然权利自身的转让不破在先许可的规则中隐含了独占许可或者专有许可不破在先许可的规范,那就意味着立法者还是作了特别的提醒。由此,似乎可以推断:现行法上的独占许可、专有许可通常都是指基于处分行为而发生对世效力的许可。

2. 针对加害的救济

专利法第 65 条、商标法第 60 条赋予了"利害关系人"向侵害人主张救济的程序法权利。"利害关系人"主要指独占使用许可合同的被许可人。被许可人能够向侵害知识产权者主张救济的原因,无非两种。

一种是加害人对知识产权的侵害构成对被许可人所享有之债权的侵害。然而,由于债权的相对性,导致构成债权侵害的门槛非常高。司法解释应该不是以债权侵害作为其理论构成的。另一种可能,则是权利人与被许可人之间因处分行为发生了权利变动,被许可人享有了某种绝对权,即权利上的用益权。这种解释与上述司法解释所规定的法律效果最为契合。

著作权法赋予了专有出版权人针对侵害人的救济权利(第 53 条第 2 项)。此外,在有关合作作品的著作权行使方式的问题上,著作权法将专有许可与著作权的转让、质押并列作为不可以单独行使之例外,这也足以说明著作权法上的专有出版权是一种绝对权。既然如此,商标法、专利法以及植物新品种保护条例上的独占使用权、独占实施权也应该被理解为绝对权。

(三)公示的现状

综上,现行知识产权诸法上的独占许可、专有许可,指的是基于处分行为设定权利上之用益权的行为。既然属于用益权的设定,现行法上的公示制度又如何呢?

对于专利的实施许可,专利法实施细则第 14 条第 2 款仅要求专利实施许可合同应当自合同生效之日起 3 个月内备案,但对于未作备案的许可会发生何种法律效果却未置一词。在解释论上当然可以有两种选择,或者将登记作为生效要件,或者将登记作为对抗要件。商标法一方面对于商标权的转让采取了公告生效主义的立场(第 42 条第 4 款),另一方面对于商标的许可却采取了备案对抗主义的立场(第 43 条第 3 款第 2 句)。

从现行的公示制度看,专利许可和商标许可的公示并未能为用益权的次类型提供技术上的支撑。可以说,现行的专利法和商标法也许是无意识地在客观上确立了定限权法定的现实。

至于著作权的转让以及专有许可,著作权法均无公示的要求。考虑到著作权法在著作权的发生问题上采取自动取得的立场,可以认为在专有许可的问题上采取了彻底的意思主义(著作权质押除外)。实务中法院往往也认可专有许可的对世效力。既然如此,或许可以认为著作权法对于定限权的设定采取了开放的立场。

三、定限权法定抑或自由的正当性

通过上文分析可知,立法者对于定限权法定抑或自由问题并没有清晰的认知。

(一)物权法定抑或自由的理由

围绕着物权究竟应该法定还是自由,学界一直存在争议。

主张物权法定者一般认为,首先,物权是绝对权,为了保护第三人的行动自由,有必要通过法律明示物权的种类和内容;其次,出于物尽其用的经济效用,若可以任意创设限制物权,将构成对所有权的限制及负担,妨碍所有权自由,影响物的利用;最后,物权法定便于公示,减少交易成本。

然而,由于所有权本身已经为公众划定了不可触碰的最外围边界,所以即便开放限制物权的设定,也不会影响到一般公众的行动自由。[1]而多重物权阻碍所有权的自由流动也不过是存在与特定历史时期的现象。

反对严格的物权主义的学者则认为,物权种类的增加虽然会增加后手交易者的估量成本(measurement costs),也会同时降低当事人之间的挫折成本(frustration costs),[2]而随着数字技术的发展,公示成本显著下降。主张松动物权法定者认为,应将物权的种类开放至更为合理的

---

① 苏永钦:《物权法定主义松动下的民事财产权体系——再探大陆民法典的可能性》,载《厦门大学法律评论第8辑》,厦门大学出版社2004年版,第12页。

② Thomas W Merrill, Henry E Smith, Optimal standardization in the law of property: the Numerus Clausus principle, 110 Yale Law Journal(2000),1-70.

数量③,同时开放物权的次类型。④

（二）知识产权与所有权的异同

1. 相同点

同所有权一样,知识产权也是一种支配权。此外,两者都属元权利,围绕元权利作定分时,同样都会面临挫折成本、估量成本以及登记成本的相互制衡。从这一点看,似乎在定限权是否法定的问题上,知识产权法没有理由不与物权法步调一致,否则就会造成体系矛盾。

2. 不同点

所有权不是可以享有之权能的总和,它是针对有体物的整体性支配权。相比于所有权,知识产权仅由有限的权能构成。专利权人支配的是对专利方案的实施,商标权人支配的是对注册商标的使用,而著作权人支配的则是被统括在"使用"名下的各种支分权能,包括复制、发行、信息网络传播等,仅此而已。即立法者从一开始就设想了权利人有限的支配形态。上述差异决定了知识产权的用益具有唯一性,难以想象诸如地役权、地上权、永小作权、居住权、典权那样丰富多彩的形态。

具有对世效力的专有许可权、独占许可权在学理上属于权利上的用益权。在知识产权上设定的用益权,无非就是这些有限之权能的全部或者部分转让。这也就可以解释知识产权的用益为什么只有许可这一种途径了。

3. 归结

首先,在探讨知识产权的定限权法定问题时,无须探讨类型是否需要强制的问题,因为客观上其类型唯一。但仅凭此尚不能得出定限权法定的结论,因为最终还取决于定限权的内容（次类型）是否也应当固定。

其次,用益类型的客观唯一性,意味着若开放知识产权上的定限权,只会在内容这一个维度上保留变量,较之于物权自由会在类型和内容两个维度上变量的相互叠加作用,前者所造成的估量成本增加量显

———————

③　张永健:《再访物权法定与自由之争议》,载《交大法学》2014 年第 2 期,第119—135 页。

④　代表性的观点,可参见苏永钦文,第18—21 页、第27 页。

然更低。所以,相对于物权的设定,对于知识产权上的定限权设定更具有维持自由的理由。

(三)需求的丰富性

从目前的司法实践看,围绕许可发生的纠纷集中于谁有权对侵害人主张救济,几乎看不到与在先许可的关系、与后手交易人的关系等真正涉及定限权法定的案例。似乎要求开放专有许可、独占许可的需求并不旺盛。

然而,低需求也许恰恰源于制度供给的不足。严苛的制度约束会在客观上扼杀市场主体的想象力。知识产权虽然是一种私权利,但这种权利的设置(第一次定分)更多地体现了立法者对竞争秩序和产业政策的把握。在第一次定分的基础之上,无论是权利人还是被许可人都可能有特别的需求,以最大限度地维护各自的竞争优势。

对知识产权人来说,最大的需求莫过于通过对市场的细分来实现利益的最大化。为此,他可能需要按照地域、业态来为他人设定具有对世效力的许可,或者干脆仅仅止步于具有债权效力的许可。而对于被许可人来说,是否能够获得具有对世效力的许可权、如何面对在先许可、自身的专用许可权或独占许可权是否具有可转让性、是否可用作担保等当是其最为关注的事项。只要充分开放公示,不难想象,双方的博弈一定会孕育出多种多样的利益格局,而如前文所述,次类型的开放所带来的估量成本相对有限,加之对公示手段的调整本身并不会显著增加成本,因此,针对需要登记的知识产权,定限权的开放更具有正当性。

(四)著作权法的特异性

对于无须登记的著作权,则可能会有两种截然相反的立场。

1. 定限权自由主义

著作权的自动取得意味着著作权法根本无法保障交易安全。如果在程度较轻的权利变动——著作权的独占许可上采取登记生效或者登记对抗制度,仿佛是在沙滩上建立大厦。如果许可人无权利,被许可人通过登记也不会获得独占许可权。既然如此,索性彻底开放独占许可的设定更好。

2. 定限权法定主义

正因为著作权法对于著作权的发生采取的是自动取得主义立场，牺牲了交易安全，极大地增加了估量成本。对于著作权上的定限权，反而格外需要控制估量成本。

四、代结语

定限权自由的立场在立法技术上如何表达，尚需琢磨。也许未必需要明文规定，只需要通过公示手段的改进便可实现定限权自由的目标。开放次类型的同时，仍应设计出任意性的标准化的独占使用（实施）权，将最为常见的定分内容提供给交易者。⑤ 例如，被许可人能否再许可他人、独占使用（实施）权是否可以转让⑥等。

至于需要采取法定主义的著作权定限权，可以有两种方式控制估量成本。一种是在采取意思主义的权利变动模式的同时，将需求强烈的独占许可次类型予以法定，例如，像日本法那样局限于出版权（日本著作权法第 80 条第 1 款），当然可以根据法政策适时增减。另一种控制方式，则是将登记作为定限权的生效或者对抗要件的同时，严格限定公示的信息类型。虽然这样的公示制度是构建于沙滩之上，但在定限权的设定为有权处分的情形——基础不被颠覆的情形（应该是常态），公示仍可在相当程度上维护交易安全。

---

⑤ 苏永钦:《物权法定主义松动下的民事财产权体系——再探大陆民法典的可能性》,载《厦门大学法律评论第 8 辑》,厦门大学出版社 2004 年版,第 21—22 页。

⑥ 民法上用益权不具有可转让性（德民 1059）和可继承性（德民 1061）,用益权本身不可成为强制执行的对象（德民诉第 857 条第 3 款）。但这样的一般性规则是否当然适用于知识产权的定限权,未见得不证自明,毕竟知识产权具有强烈的法政策属性。

附　录

中日民商法研究会第十九届(2022年)大会

议　　程

主　办:中日民商法研究会
协　办:北京市中伦律师事务所
　　　　北京市金杜律师事务所
赞　助:特别行政法人、日本国际交流基金会
　　　　日本司法书士会连合会
　　　　金赛波律师(金诚同达律师事务所)
会　场:北工大建国饭店(线上)

中日民商法研究会20周年纪念会
3月19日(周六)上午

9:00—10:10 纪念会(主持人:清华大学　龙俊)

致辞(9:00—9:35)

9:00—9:10 中方学者代表　梁慧星(中日民商法研究会名誉会长)致辞
9:10—9:20 日方学者代表　内田贵(早稻田大学特命教授)致辞
9:20—9:25 协办方　吴鹏(北京市中伦律师事务所)致辞

9:25—9:30 协办方　刘新宇(北京市金杜律师事务所)致辞
9:30—9:35 资助方　野田昭彦(日本国际交流基金会代表)致辞

贺词贺信(9:35—10:00)

中日友好协会/日本驻华大使馆贺词:
程永华(中日友好协会常务副会长、中国驻日前任大使)致贺词
垂秀夫(日本驻华大使)贺信
日本司法书士会连合会伊见真希(副会长兼国际交流室室长)贺信

北京大学法学院贺信
清华大学法学院贺信
中国人民大学法学院贺信
中国政法大学民商经济法学院贺信
对外经贸大学法学院贺信
中国政法大学教授　李永军贺信

10:20—10:30 渠涛(中日民商法研究会会长)致谢辞

休息

10:30—11:30 中日民商法研究会成立二十周年纪念演讲
(主持人:中国人民大学　姚辉)
10:30—11:00 纪念讲演1:中日民商法研究会二十年的历程及今后
的展望
近江幸治(早稻田大学大学院法学政治学研究科教授)
11:00—11:30 纪念讲演2:《民法典》颁行的五大意义
谢鸿飞(中国社会科学院法学研究所民法室主任、私法研究中心主任)

中日民商法研究会第十九届研究大会
3月19日(周六)下午

民法部会报告及讨论1(13:30—16:45)

第一单元(主持人:渠涛)
13:30—13:55　大村敦志(学习院大学)
作为战后法学者的星野英一
13:55—14:20　于飞(中国政法大学)
基本原则与概括条款的区分
14:20—14:45　刘勇(南京大学)
　　　　　　　可预见性规则之重释
14:45—15:05　提问讨论
15:05—15:10 休息
第二单元(主持人:吴鹏)
15:10—15:35　宇田川幸则(名古屋大学)
中国民法典离婚冷静期研究
15:35—16:00　朱虎(中国人民大学)
人格权:法律权利与道德权利的和解
16:00—16:25　张挺(杭州师范大学)
社会组织体系生态环境损害赔偿诉讼质疑
16:25—16:45　提问讨论

3月20日(周日)上午

民法部会报告及讨论2(9:00—12:10)

第一单元(主持人:刘新宇)
9:00—9:25　道垣内弘人(专修大学)
中国民法典的用语方法及其意义

9:25—9:50 姚辉(中国人民大学)
民法典中"恢复原状"的解释论展开
9:50—10:15 陈韵希(上海交通大学)
效率减损视角下的不履约风险救济
10:15—10:35 提问讨论

10:35—10:40 休息

第二单元(主持人:姚辉)
10:40—11:05 高圣平(中国人民大学)
民法典上动产担保优先体系初论
11:05—11:30 周江洪(浙江大学)
所有权保留的体系性反思
11:30—11:55 龙俊(清华大学)
中国民法典的债权人代位权制度改革
11:55—12:10 提问讨论

午间休息

3月20日(周日)下午

商法部会报告及讨论(13:30—16:45)

第一单元(主持人:宇田川幸则)
13:30—13:55 田泽元章(专修大学)
判例中表决权的代理行使及书面投票的问题点
13:55—14:20 金赛波(北京金诚同达律师事务所合伙人)
独立保函下的追偿问题
14:20—14:45 冯洁语(南京大学)
论保理合同的债权让与对抗要件

14:45—15:05 提问讨论

15:05—15:10 休息

第二单元(主持人:章程)
15:10—15:35 王作全(青海师范大学)
对重构中国股份质押制度的思考——以日本法相关制度为视角
15:35—16:00 解亘(南京大学)
论知识产权法上的定限权法定主义
16:00—16:25 得津晶(东北大学)
隐名合伙——出资合同的一般法化
16:25—16:45 提问讨论

闭幕式(16:45—17:00)

主持人:龙俊
中日民商法研究会副会长姚辉教授作学术总结
中日民商法研究会会长渠涛教授致闭幕辞
中日民商法研究会日方秘书长宇田川幸则教授致闭幕辞

中日民商法研究会第十九届(2022年)大会参会人员名单

中方参会专家学者

梁慧星　中日民商法研究会名誉会长

渠　涛　中日民商法研究会会长

姚　辉　中国人民大学教授

谢鸿飞　中国社会科学院法学研究所民法室主任、私法研究中心
　　　　主任、教授

于　飞　中国政法大学民商法学院院长、教授

高圣平　中国人民大学教授

周江洪　浙江大学教授

朱　虎　中国人民大学教授

王作全　青海师范大学教授

解　亘　南京大学教授

刘　勇　南京大学副教授

张　挺　杭州师范大学副教授

陈韵希　上海交通大学副教授

冯洁语　南京大学副教授

吴　鹏　北京市中伦律师事务所律师

刘新宇　北京市金杜律师事务所律师

金赛波　北京金诚同达律师事务所律师

章　程　浙江大学副教授

龙　俊　清华大学长聘副教授

中方嘉宾

程永华　中日友好协会常务副会长、中国驻日前任大使

日方参会专家学者

近江幸治　早稻田大学大学院法学政治学研究科教授

内田贵　　早稻田大学特命教授

松冈久和　　立命馆大学教授
大村敦志　　学习院大学教授
道垣内弘人　专修大学教授
田泽元章　　专修大学教授
得津晶　　　东北大学教授
王冷然　　　南山大学教授
伊见真希　　日本司法书士会连合会副会长兼国际交流室室长
宇田川幸则　名古屋大学教授

日方嘉宾

垂秀夫　　　日本驻华大使
野田昭彦　　日本国际交流基金会北京日本文化中心所长

参会并主要担任同传和交传人员

夏静宜　　扬州大学副教授
高庆凯　　上海师范大学副教授
段　磊　　华东师范大学副教授
张瑞辉　　名古屋经济大学准教授
渠　遥　　东京大学大学院法学政治学科博士〈后期〉课程研究生
杨　东　　东京大学大学院法学政治学科博士〈后期〉课程研究生
张楚然　　名古屋大学大学院法学政治学研究科博士〈后期〉课程研
　　　　　究生
吴雨声　　名古屋大学大学院法学政治学研究科博士〈后期〉课程研
　　　　　究生
代珺檬　　名古屋大学大学院法学政治学研究科博士课程研究生

纪念会致辞

中日民商法研究会名誉会长梁慧星致开幕词

女士们、先生们、朋友们：

大家好！

今天是中日民商法研究会2022年年会，也是中日民商法研究会第一次举行网上会议。我不能够参加网上会议、不能像过去的各次线下年会那样恭听、学习各位发表的高见，请朋友们见谅！会长渠涛教授让我写一个简短书面致辞，算是尽我作为名誉会长的义务。在此，我谨向参加会议的中日两国的民商法学者表示诚挚的欢迎和敬意！

我们的中日民商法研究会创建至今刚好20年。2002年在中国广东省的省会广州市举行第一届会议。尊敬的五十岚清教授、铃木禄弥教授、星野英一教授出席了会议。令人伤感的是，三位教授已经离开了我们！记得会议闭会时我与星野英一教授商定，每年的年会轮流在中国的一个省会城市举行。迄今已经在广州、济南、武汉、上海、南京、沈阳、长沙、海口、重庆、成都、昆明等中国的十多个省会城市及中日两国首都北京和东京举行了18届年会，还举行过一次中日韩三方的学术会议。因为新冠疫病肆虐，前年和去年的年会不得已停办。当然，中日民商法研究会还做了别的卓有成效的工作，如组织两国学者互访、翻译出版学术著作、法律文本等。

中日民商法研究会就好比架设在中日两国民商法学界、中日两国人民和中日两个国家、两个民族之间的一座桥梁！这是一座和平之桥！友谊之桥！学术之桥！20年来，中日民商法研究会和参与的两国学者，致力于增进中日两国的学术和立法进步！增进中日两个民族的和平友好！增进中日两国人民的福祉！我们的研究会将为此继续努力！

预祝我们的会议取得圆满成功！

祝愿参会两国学者、朋友平安、健康、幸福、学术精进！

感谢为我口译的朋友！

谢谢！

日方学者代表　内田贵　致辞

在中日民商法研究会迎来二十周年之际,我衷心地表示祝贺!

在今天这个场合,我想起了大约十一年前的 2011 年 9 月 16 日那一天,我出席了在北京召开的中日民商法研究会十周年纪念庆典。在庆典上,由我为东京大学名誉教授星野英一先生代为宣读了祝词与谢词。中日民商法研究会成立以来,星野先生从第一届参加到第七届的大会,同这个研究会一路走来,但从第八届大会开始,先生由于身体原因再无法出席,十周年的纪念大会也因此无法亲自参与。所以在那一次,我受星野先生之托代为宣读他的致辞。

在读完星野先生的致辞后,会场的听众掌声雷动,大家告诉我一定要将这掌声带回给在日本养病的星野先生。后来我去看望星野先生时向他禀告此事,他非常高兴。但是最为惋惜的是,星野先生再也没能来参加这个研究会,一年后的 2012 年 9 月 27 日,先生即以 86 岁高龄告别人世。

星野先生在世之时,曾对中日民商法研究会投以巨大热情,在我看来,充盈于这一热情之中的,乃是某种使命感。先生生于 1926 年,卢沟桥事变中日战端开启之时,先生还只是一个十一岁的少年,一直到他十九岁战争结束,先生的整个青春期,都在自己的祖国侵略中国这种大环境中度过。也是因为年轻时有这样的经历,作为虔诚的天主教徒,曾经的少年热切地希望能够通过自己的专业领域,为今日中国之事尽心尽力。

在中国,很多先生作为学问上的友人在与他交往的点滴中,都能感受到他心底的这份热情,因此中国的朋友们对先生也充满敬意,而先生也一直对中国的朋友们感念在心。

十一年前,星野先生在致辞中曾说道:"中日民商法研究会只用了十年的时间，就发展成一个规模庞大的学会，就创业而言，可以说是已尽其全功。从今往后，这个研究会就要步入守成的时代。创业与守成，何者为难？应该说各有其艰难吧？所以我希望中日民商法研究会可以迈着一路走来的步伐，持续进步、继续发展。"

在当年这段发言的最后，星野先生的结语，就是期待这个研究会能够一如既往地成为连接日中两国民商法交流的纽带。

如今，因为新冠疫情的影响，二十周年的纪念庆典推迟了半年，而且只能以线上连线的形式举行，但无论如何，这个研究会终于顺利迎来了二十周年，而今在天国看着这一切的星野老师，应该也会在微笑吧。

十周年的纪念庆典的讲坛上，中国民法学的大家学者们口中"一定要制定民法典"的切切期待，犹在耳边。王家福先生说道，"我今年已经八十岁了，我希望有生之年能看到民法典的诞生，我希望大家一起向国家提出我们的期望"，对这句话我至今印象深刻。

遗憾的是，就在民法典通过的前一年，家福先生溘然长逝，而中国则终于在家福先生的讲坛上的发愿九年之后，完成了了不起的民法典编纂。这一刻，家福先生一定也在天上与星野先生一同祝福人间的这一切吧。

此刻，我个人也想借这个机会，对中国民法典的通过和施行，从内心表示诚挚的祝贺！

中日民商法研究会十周年庆典之际，我从东京大学辞职转至法务省工作，投入日本民法债权法领域大修改的工作中。在十周年的庆典六年后的 2017 年，日本民法财产法也完成了制定 120 年以来的第一次大修改。

对于这次修改，民法学者中不乏严厉的批判的声音，很重要的原因，是学者所期待的修改，大多都没有能在最后的立法中体现出来。为何立法会至此境地，这个问题也为立法学提供了非常重要的研究素材。简单地说，就是对于学者主导的立法，实务界有非常强烈的反对之声。

对中国民法典的立法过程，我知之甚少，所知之中可能也不乏误解。但以我个人的浅见,中国民法典立法过程中,主要发挥作用的应该是学者和立法机关。与此相对,在日本的立法过程,则是立法机关介入之前,学者和实务界就出现观点的对立,而绝大部分的争论,最后结果都遵从了实务界的主张。这里所说的实务界,包括经济界、律师协会和法院,当然它们的立场也并非都是一致的,它们的诉求也都各有不同。但是就反对旨在变动立法现状的学者方案而言,他们就经常会相互形成统一战线。

在既有民法典的规范前提下,实务操作已经进行了一百多年,要实现修改,进而改变实务的操作,可以说是困难重重。就是判例法理进行明文化这种修改,实务界担心加入民法典本不存在的条文之后,恐将对既有的实务产生影响,因此很多观点都认为,即使是判例法的明文化这一目标,也没能在债权法的修改中实现。

日本的实务界当然都支持"法的支配",但是在实务界看来,这里所说的"法",未必都是要件效果都明确的法命题。

从以上的经验来看,此次日本民法的修改与中国民法典的制定,当然可以从民法典的内容上详加比较,因为立法过程比较本身就是一个很有意义的课题。立法过程中既有理论性问题,立法本身也是一个政治过程,何种政治力量会因何而动,从这一观点进行比较的话,我想可以为日中两国的民商法研究加味一些更深层的法文化因素。

中国民法典值得一说的特色之一是人格权编,其与如今获得世界瞩目的乌克兰这一国家的民法典之间的关系,也有一些讨论。但无论如何,以人格权作为民法典的编名,这在世界的民法典中是首次。

民法典人格权编当然本身很重要,与此同时,围绕人格权编诞生的激烈的争论,其中与立法机关之间的关联等,也为立法过程的研究提供了非常有意义的研究素材。

因此,基于中日两国各自的立法经验,对源于不同法文化和政治文化立法过程进行比较,正是此刻应该去做的研究。相互交流新法典施行的经验,也正当其时。我认为,两国民商法学界通过这些方面的研究,在学问上切磋琢磨的时代已经到来。

在中日两国的大立法时代告一段落,也是本研究会迎来二十周年之际,对于下一个十年,我想借用星野先生曾引用的《贞观政要》之中的话,今日比"守成"更重要的,可能是拉开"新的创业"的序幕。衷心祝愿中日民商法研究会作为这样的学问平台,能够有更进一层的发展,个人也欣然愿在其中尽绵薄之力。

最后,再次祝愿中日民商法研究会今后的壮大发展!

北京市中伦律师事务所代表　吴鹏　致辞

尊敬的各位中日民商事法律学者与专家、各位嘉宾:

大家上午好!

今天,我们大家齐聚线上,共同召开中日民商法研究会第十九届大会。本届大会将是一场别开生面的学术盛宴,同时,本届大会还是一次富有纪念意义的大会,因为,我们将在这里,共贺中日民商法研究会20周岁的生日。历数过往,我们对一直鼎力支持研究会发展的中日学者、专家、各级机构与单位,表示由衷的敬意。

中日民商法研究会自2002年创立之初,得到中日泰斗级学者的参与,为研究会作为高水平学术团体的定位奠定了坚实基础。20年来,研究会始终坚持初心,为中日两国民商法学者搭建交流的平台。目前,研究会成员集中了两国顶尖高校及研究机关中从事法学研究和教学工作的可贵人才,以及大批留学研习民商法专业背景并取得博士硕士学位后回国从事法律实务的人士,这其中也包括我本人。我是1993年从日本留学回国,参与创立了中伦律师事务所。中日民商法研究会20年的发展历程,见证了中日民商法律和文化交流从差异到沟通、直至传播乃至融合发展的整个过程,并在其中起到了直接的促进作用。作为中国法律实务界的拓荒者、见证者和参与者,中伦律师事务所也从20年前的几百人规模发展成为中国规模最大的综合性律师事务所之一,目前拥有包括370名权益合伙人在内的2400余名专业人员,办公室已分布全球18个城市,其中也包括东京办公室。我们大家都在各自的领域中,为中日民商法的交流发挥着重要的作用。

历经20年的积累与沉淀,中日民商法研究会取得了丰硕的学术成果。在历届大会上,学者和专家们对两国共同关注的中日民商事热点、难点法律问题,进行着深入的探讨与交流,积极就两国最新的立法工作、审判实践、执法经验等优秀经验进行分享,相互学习,相互促进,通过定期的面对面讨论碰撞出更多的思维火花。可以说,研究会已经成为中日两国民商事学术交流的一块"金字招牌"。

我本人及所在的北京市中伦律师事务所今后也将一如既往地以各种方式,参与和支持研究会的工作。最后,我预祝本届大会圆满成功!

谢谢大家!

北京市金杜律师事务所代表 刘新宇 致辞

尊敬的各位中日民商法学者、法律实务工作者、各位嘉宾:

大家上午好!

虽然由于疫情等原因,我们本次会议无法现场举行,但是,相隔很久后能通过线上的方式再次看到大家熟悉的面孔,听到大家熟悉的声音,感受到大家的热情与期待,还是一件十分激动的事情。

今年适逢研究会创立20周年,回顾研究会20年来的光辉历程,确实感慨万千。在2002年创立之初,大家怀着对中日民商法研究的热忱与期待积极参与进来,且得到了中日两国顶尖学者和专家的大力支持,为研究会的后续发展奠定了坚实的基础。我作为一个后来参与者和协力者,同时也是受益者,要对我们研究会的诸位前辈以及为之付出汗水的同人致以崇高的敬意。

这些年来,研究会不忘初心,始终保持着对中日民商法领域前沿问题的关注,且除学者之外,也适度吸纳在民商事领域从事法律实务工作的律师、法务人员等,共同为民商法理论研究和实践工作添砖加瓦,在促进两国交流、集结大家智慧、碰撞思想火花上不遗余力,也取得了丰硕的研究成果,为中日两国民商法理论和实践的发展做出了巨大的贡献。

我本人曾于20世纪90年代在日本留学,在早稻田大学研究生院学习民法,后来进入日本丸红株式会社从事律师工作,于2005年初回国加入北京市金杜律师事务所。当时正赶上中国加入WTO后不久的一个涉外业务高速发展期,我所负责的中日法律服务业务也是蒸蒸日上。伴随着中日民商法研究会的发展,我们金杜律师事务所也在不断壮大,如今已经初步建成了一个根植于亚洲的大型国际化律师事务所,全球共有670余名合伙人及2900余名律师等专业人士,合计5000多人,拥有31家实体办公室及36家云办公室,其中用日语工作的人员也有百余人以上。我们金杜秉承着"团队合作,精诚奉献,追求卓越,客户至上"的工作理念,在法律实务领域不断开拓进取的同时,也希望继续为我们的研究会持续提供有力的资金支持和其他协作,为中日民商法研究尽一份绵薄之力。

另外,我本人也非常喜欢参与民商法研究和实践活动,伴随着民法典的诞生,有幸在日本《NBL》杂志上刊登了一篇题目为《中国的民法典时代的到来》的论文,还在《中国政协》杂志上发表了题目为《〈民法典〉大数据时代下个人信息保护的民法基础》的论文等,为民革中央等机构和团队讲述《民法典》在商事领域的实务内容等。

本次会议是研究会召开的第十九届大会,也是一场特殊的会议。一方面,大家通过互联网集结在一起,庆祝我们的研究会走过精彩的20年,另一方面,大家会继续不失严肃地就中日民商法研究的前沿问题进行充分的探讨和交流,以期取得更多的智慧成果,留下浓墨重彩的一笔。

最后,真心地希望通过本次会议聆听到诸位嘉宾的真知灼见,让大家的思想在碰撞中升华。预祝本届大会圆满成功,同时我也相信疫情终将过去,大家还可以坐在一起谈笑风生。

希望我们共同努力,为研究会的后续发展继续贡献智慧与力量。

谢谢大家!

日本国际交流基金会代表　野田昭彦
（北京事务所所长）　致辞

各位嘉宾,老师:

大家上午好!

我是北京日本文化中心(日本国际交流基金会)的主任野田昭彦,很高兴受邀参加中日民商法研究会第十九届(2022年)大会。受疫情影响,原本计划去年召开此次会议,不得已延至今天举行。在此我发去迟到的祝贺,祝贺中日民商法研究会成立20周年。

中日两国民商法界的交流历史久远。得益于双方顶级老师们的努力,此领域的学术交流水平已经达到很高的水平。本基金会曾经资助中日民商法研究会举办过"中国日本民商法研究会2003年大会",邀请该研究会的相关学者访问过日本,还有学者通过我们的其他访日研究项目去过日本,我们能为中日双方的学术交流尽微薄之力而感到十分荣幸。

随着中国经济的发展,中日两国面临的共同问题越来越多,民商法包含着许多具体的问题,此领域的学术交流对促进中日两国关系的发展起着重要的作用。比如,在人工智能的应用方面,中国比日本的发展还要迅速,在新的大环境下,我们要互相学习,面对共同问题,双方的研究者一起努力应对解决,这一点在即将迎来中日邦交正常化50周年之际,深化面向未来的中日合作关系方面,具有十分重要的意义。日本国际交流基金会将继续为促进中日相互理解事业贡献绵薄之力。

今天参会的老师中有不少参加过我们的项目,我应该到会场当面问候各位老师。受制于疫情,只好通过线上这种形式发去我的问候,衷心祝愿大会圆满成功,向组织会议的老师们表示敬意和感谢。

中日友好协会常务副会长、中国前驻
日本国大使　程永华　贺词

尊敬的梁慧星名誉会长、渠涛会长、各位来宾、各位朋友：

大家好！

今天，我很高兴与中国、日本民商法领域的专家学者，通过这种在线方式共同参加中日民商法研究会的研讨大会！

首先，我谨代表中国日本友好协会，并作为中国前驻日本大使对中日民商法研究会成立二十周年致以热烈祝贺，对中日民商法研究会各位同人长期以来大力推动中日法治交流、助力中日关系改善发展致以崇高敬意和由衷感谢！

中日两国一衣带水，互为重要邻邦，在绵延两千多年的友好交往当中，两国人民互学互鉴，促进了各自国家的发展和进步，共同造就了东亚文明。两国交流互鉴的往事不胜枚举，历史上日本多次派出遣隋使、遣唐使到中国学习文化、艺术、宗教以及生产技术和典章制度等，促成了大化改新等社会变革，开启了国家发展的新篇章。一百多年前，中国大批志士仁人负笈东渡，探求救亡图存、振兴中华之道。

中日邦交正常化以来，特别是中国实行改革开放四十多年来，中日关系取得长足发展，各领域交流合作不断深化。其中，两国在法务领域，特别是民商法领域的交流合作持续深入、互学互鉴，为促进两国经济社会发展发挥了重要作用。

习近平主席指出："法治兴则国兴，法治强则国强。""小智治事，中智治人，大智立法。"法治是人类文明进步的重要标志，是治国理政的基本方式，也是中国共产党和中国人民的不懈追求。近年来，中国积极致力于营造市场化、法治化、国际化营商环境，颁布实施了新中国首部《民法典》，法治建设取得重要发展成果。随着经济社会发展和对外开放持续扩大,中国还将加快国内和涉外法治建设,相信这必将为中日两国法务领域的进一步深化交流合作带来新的机遇。

中日民商法研究会成立二十年来,坚持每年聚焦民商法领域最新热点问题,设置议题深入交流,已经成为两国专家学者凝聚智慧、钻研学问、增进友谊的重要平台,为推动两国民商法研究和实践、建立健全中日民商法相关制度、促进两国人民的福祉作出了宝贵贡献。我期待中日民商法研究会百尺竿头,更进一步,继续在民商法研究上贡献新成果,为中日法学法务的经验交流、经贸合作提供重要智力支持。

今年是中日邦交正常化五十周年,中日两国领导人就推动构建契合新时代要求的中日关系达成重要共识。中日友好协会愿以此为契机,与包括法学界在内的两国各界朋友一道,积极落实两国领导人的重要共识,为构建契合新时代要求的中日关系贡献民间智慧和力量。

预祝本次研讨会取得圆满成功! 祝大家身体健康,万事顺遂!

谢谢!

日本国驻华大使馆　垂　秀夫　贺信

中日民商法研究会:

值此中日民商法研究会第十九届大会,暨成立 20 周年纪念大会召开之际,我致以热烈的祝贺。

在日中邦交正常化 50 周年这值得纪念之年,两国法律界人士隆重线上集会对促进双方的交流具有十分深远的意义。

我一直坚信,中国的未来更美好的发展,必定离不开民商法以及其他法律领域的人士,我亦乐于见到的是,当日中间人员往来恢复如初时,能有更多的肩负中国未来的年轻法律学者赴日借鉴和学习,以更利于在国家建设中大显身手。

正如大家所知,日中法律交流有着悠久的历史。举一个近些年的例子,日本的融立行政法人国际协力机构(JICA),通过"中国法律制度完售合作项目",向中国派遣法律专家,为 2020 年《中华人民共和国民法典》的制定提供了协助。此外据我了解,在该《民法典》之前的中国《物权法》《民法总则》等若干民事单行法的立法过程中,也有较多的规定受到了相关日本民事法规的影响。

中日民商法研究会自 2002 年成立以来,为日中民事法领域交流做出了巨大贡献,我对此深表钦佩。我预祝,本次大会能够成为一次富有助力日中民商法领域互联互通、社会更加发展意义的盛会,同时也祝愿中日民商法研究会蓬勃发展、与会的朋友们安康幸福、日中关系更上一层楼。

日本国驻华大使馆

中日民商法研究会：

　　中日民商法研究会第19期大会、创立20周年纪念大会に际し、祝辞を述べさせていただきます。

　　本年は日中国交正常化50周年であり、この记念すべき年に、中日民商法研究会の创立20周年纪念大会が开催されることは、两国の法律专门家の交流を促进する上で、非常に意义深いことだと考えます。

　　私は、常に中国の将来を更により良いものにするのは、民商法を始めとする様々な分野の法律家であると确信しています。今后、日中间の人的往来が回复した晓には、そうした将来の中国を担う多くの若手法学者に日本を见ていただき、中国のより良い国造りのための一助にしていただければ幸いです。

　　皆様御承知のとおり、日本と中国の法律交流には长い历史がありますが、近年においても、法制度整备プロジェクトとして独立行政法人国际协力机构（JICA）から法律专门家を中国に派遣し、2020年の中国民法典制定に向けた协力を行ってきたことは、皆様の御记忆に新しいかと思います。また、中国民法典の前身である物権法、民法総则等民事単行法の中にも、日本の民事法の影响を受けた规定が多数存在したと闻いております。

　　最后になりますが、2002年の设立以来、民事分野における日中交流に多大なる贡献をしてきた中日民商法研究会に心から敬意を表したいと思います。また、今回の大会が日中両国の民商事分野の知见の交换を通じてより良い社会を作り上げるための有意义な机会になることを愿ってやみません。中日民商法研究会の益々の御発展、御出席の皆様の御多幸、そして日中関係の更なる発展を祈念いたしまして、私からの挨拶とさせていただきます。

中華人民共和国駐箚特命全権大使

垂 秀夫

2022年3月吉日

日本司法书士会连合会　伊见真希　贺信

各位实务界的同人、参会的各位专家：

在中日民商法研究会第二十届大会召开之际，我衷心表示祝贺！

回想起来，在 2008 年的第七届中日民商法研究会上，有来自日本的司法书士首次参加。梁慧星会长向日本司法书士会联合会发出正式邀请，则是 2009 年 9 月在海南大学召开的研究会。我还记得，正是当时担任秘书长的渠涛老师发出的邀约。

从那时开始，日本司法书士会联合会就以国际交流会为中心组织队伍参加，一直持续到 2019 年在云南大学召开的第十八届大会。

中日民商法研究会讨论的内容，曾通过联合会的要报向司法书士会员进行报告，围绕中日两国民法立法与修改的讨论，对司法书士有很大的参考作用。在商法领域，联合会在研究会上能够就公司/法人登记法进行意见的发表，从实务面进行理论的讨论，这些都提升了司法书士的专业能力。

在日本，与中国律师相对应的除了律师，还有司法书士。从历史而言，司法书士是专注于不动产登记手续和商业手续，以此维护公民权利的专业人士。2002 年，司法书士获得了在简易裁判所的代理权，给司法书士的业务范围带来了很大的改变。如今，司法书士也关注于老年人、残障人士的成年监护制度，以及民事信托制度等，以应对人民不断改变的需要。特别是在 2019 年司法书士法修改后，法律明文规定司法书士的使命是维护人民权利的法律实务专业人士，立法也在不断提升其守护人权这一功能。而今，针对日本所有权人不明的土地问题，司法书士也起到很大的作用，日本司法书士会联合会现在正竭力解决所有权人不明的土地问题。

1892 年日本《司法职务定制》这一法律施行，作为司法书士的前身的代书人制度由此诞生,到今年正是 150 个年头。在这值得纪念的年份里,在将继承登记义务化的日本,我们也在尽力地去促进继承登记。

众所周知,日本是个灾害大国,每年有各种各样大小天灾发生。在受灾的时候,司法书士也致力于受灾地的复兴、受灾人的心灵照顾等事业。

作为法律专业职业,司法书士希望协力为大家创造一个有着幸福丰裕生活的社会环境。

因此,这样的民间研究会对加深两国的理解有着重要的作用。

司法书士会联合会祝愿研究会的发展,即使目前仍然是新冠疫情时期,我们也会继续支持研究会的发展。

最后,祝福研究会壮大、成长,也热切希望今后与研究会进一步加强交流与合作。祝福本次出席会议的各位同人,身体健康,万事如意。

谢谢!

北京大学法学院贺信

中日民商法研究会：

　　欣逢中日民商法研究会成立二十周年，北京大学法学院特致贺信，向贵研究会致以衷心的祝贺和崇高的敬意！

　　中日民商法研究会自成立以来，遵循"为中日两国民商法学者搭建交流平台，以促进两国在该领域学术的发展"之宗旨，以中日两国民商法领域热点问题为中心，成功举办了十八届大型国际研讨会，高水平地将中日两国最新的法学立法、司法等方面的优秀成果及时准确地介绍给对方，起到了中日两国之间民商法法律信息的"直通车"的作用。可喜可贺！

　　祝愿贵研究会以二十周年为新契机，锐意进取，开拓创新，进一步完善中日两国民商法法律信息交流平台，培养更多德才兼备、精通两国民商法律的卓越人才。真诚期待贵我双方携手并进，共同努力，为繁荣我国法学教育事业、推进民商法治建设做出更大的贡献！

清华大学法学院贺信

中日民商法研究会:

值此中日民商法研究会成立二十周年之际,清华大学法学院特向贵研究会致以最诚挚的敬意和最衷心的祝贺!

中日民商法研究会自成立以来,已经成功地在各地召开了18届大型国际研讨会。每次会议都及时、准确、高水平地将中日两国的最新的立法、司法动态以及优秀的法学研究成果介绍给对方,为中日两国在民商法领域的交流与合作做出了卓越贡献。

清华大学法学院与中日民商法研究会渊源颇深,前院长王保树教授就曾大力促进了中日民商法的学术合作,如今清华法学院也有诸多中青年学者的成长得到研究会的支持。期待未来我们携手并进,为两国民商法领域的交流与合作,以及民商法理论的发展和繁荣做出更多贡献! 祝贵研究会越办越好!

此致

中国人民大学法学院贺信

值此中日民商法学研究会成立二十周年之际,中国人民大学法学院向中日民商法研究会致以崇高的敬意和诚挚的祝贺!

中日民商法研究会成立以来,致力于为中日两国民商法学者搭建高层次交流平台,为两国在民商法领域的学术发展和交流做出重要贡献。研究会会聚两国民商法领域学者和实务专家,为国内高校研究机构法学人才从事研究和教学工作提供了有力支持。研究会每届大会聚焦学术热点,成为中日民商法学术交流的品牌。研究会组织专家学者及时、准确、高水平地将中日两国法学学术、立法、司法等方面的优秀成果介绍给对方,成为中日两国之间民商法法律信息交流"直通车"。

中国人民大学法学院与中日民商法研究会长期以来密切合作,共同开展多项学术会议和学术交流活动,结下深厚友谊。我院期待今后与贵会继续深入合作,携手共进,扩大交流,共同为中日民商法研究事业发展做出新的贡献!

中国政法大学民商经济法学院贺信

中日民商法研究会：

　　值此中日民商法研究会成立二十周年之际,中国政法大学民商经济法学院特向贵研究会致以崇高的敬意和衷心的祝贺!

　　中日民商法研究会自成立以来,致力于为中日两国民商法学者搭建高层次交流平台。在已经成功召开的18届大型国际研讨会中,研究会及时、准确、高水平地引入日本法学动态、司法经验,同时将我国的法学、立法和司法成果宣传到国外。研究会在提升我国法治水平,广泛传播中国特色的法律文化,促进中日两国在民商法领域的交流与合作等方面都做出了卓越的贡献,成为中日两国之间民商法法律信息交流"直通车"。

　　祝愿贵研究会以二十周年为新起点,进一步完善中日两国民商法法律信息交流平台。在组织研究和开展活动方面,开拓创新,与时俱进。我院期待今后与贵会携手共进,加强合作,共同开展学术会议和学术交流活动,为中日民商法研究事业做出新的贡献!

　　此致

对外经济贸易大学法学院贺电

中日民商法研究会：

今年是中日民商法研究会成立 20 周年，我院谨向研究会表示热烈祝贺！

中日民商法研究会自成立以来，为促进中日两国民商法学的研究和交流做出了卓越的贡献。研究会的成立和发展深化了两国民商法学的学术研究，帮助和见证了两国民商法学者的成长，推动了两国民商法学界之间广泛而深入的交流。研究会致力于推广和传播两国法学、立法、司法等方面的优秀成果和信息动态，为两国民商法学界互通有无、共同发展做出了重要贡献。研究会一直以来十分关注经贸大法学院的发展，特别是对我院民商法学科给予了诸多重要的帮助和支持。

祝贺中日民商法研究会成立 20 周年，祝研究会未来更加繁荣昌盛，取得更多成就！

此致

北京大学出版社贺信

中日民商法研究会:

北京大学出版社祝贺中日民商法研究会成立二十周年。

二十年来,中日民商法研究会积极开展各项学术活动,展现中日两国民商法的最新研究成果,为繁荣两国民商法研究做出了积极贡献。北京大学出版社曾与中日民商法研究会进行过卓有成效的合作,期待贵研究会在民商法领域继续精耕细作,以更丰硕的研究成果,促进中日两国在民商法领域的研究与发展。

北京大学出版社愿意继续保持与贵会合作,为搭建中日两国法学学术交流平台做出贡献。

北京大学出版社有限公司

2022.3

著名民法学者　李永军教授　贺信

　　诚挚地祝贺中日民商法研究会成立二十周年！中日民商法研究会作为中国民法学研究会分支机构成立于 2001 年，依托于中国社会科学院法学研究所私法研究中心，是民商法研究的重要阵地和平台。

　　中日两国民商法学者搭建这一交流平台，促进两国在民商法方面的学术发展。自成立以来，民商法同人积极参加活动，至今已经成功在各地召开过 18 届大型国际研讨会。第一届由中山大学法学院承办，在广州召开；第二届由山东大学法学院承办，在济南召开；第三届由复旦大学法学院承办，在上海召开；第四届由中南财经政法大学承办，在武汉召开；第五届由南京大学法学院承办，在南京召开；第六届由东京大学社会科学研究所承办，在日本东京召开；第七届由辽宁大学法学院承办，在沈阳召开；第八届由海南大学法学院承办，在海口召开；第九届由烟台大学承办，在烟台召开；第十届由中日民商法研究会自办，由日本驻华大使馆、中国社会科学院法学研究所、北京大学法学院、中国人民大学法学院、清华大学法学院、北京师范大学法学院、北京航天航空大学法学院、法律出版社等单位作后援，由中日 8 家大型律师事务所协办，在北京召开；第十一届由黑龙江大学法学院承办，在哈尔滨召开；第十二届由湖南大学法学院承办，在长沙召开；第十三届由西南政法大学承办，在重庆召开；第十四届由浙江大学光华法学院承办，在杭州召开；第十五届由北京理工大学珠海学院民商法律学院承办，在珠海召开；第十六届由四川大学法学院承办，在成都召开；第十七届由福州大学法学院承办，在福州召开；第十八届由云南大学法学院承办，在昆明召开。此外，第三届和第四届之间还曾在青岛由山东大学法学院、中国海洋大学法学院、青岛大学法学院共同承办召开过题为"中日韩民法趋同道路探索"、由中日韩三国民法学者参加的大型国际研讨会。

长期以来,中日民商法研究会及时准确高水平地将中日两国最新的法学、立法、司法等方面的优秀成果介绍给对方,起到了中日两国之间民商法法律信息的"直通车"的作用。同时,这些会议恰恰是在中国民法典编纂的理论准备和立法时期,该学会为中国民法典编纂尽了应有贡献。例如,针对日本债权法修改,研究会曾于第八届开始一直就该项主题安排日方参与这项工作的主要学者以及官员(法务省民事局)到会报告,特别是在日本债权法修改草案成案公布后,研究会组织成员共同翻译了该案,为我国民法典编纂提供了有益的参考。

渠涛会长在中国和日本都有长期学习、研究和教学的经历,在其周围汇聚了许多学界精英,这些学者都对中日民商法有很深的研究。我相信,在渠涛会长的英明领导下,在学会所有成员的共同努力下,中日民商法研究会一定能够再创佳绩,为进一步促进中日民商法交流做出更大的贡献。同时,预祝研究会启动满二十周年之际召开的中日民商法学会第十九届大会取得圆满成功!

中国政法大学民法所教师　　李永军

中日民商法研究会会长　渠涛　致谢辞

尊敬的各位中日民商法学者和法律实务工作者、各位嘉宾：

大家上午好！

今天，我们在这里召开中日民商法研究会第十九届大会，适逢研究会活动自启动满二十周年，故而改常年的开幕式为纪念会。有幸承蒙各位上线莅临，非常高兴！同时，对各位热情洋溢的致辞，对中日友好协会常务副会长、中国驻日前大使程永华先生和日本驻华大使垂秀夫先生发来的贺词、贺信，以及北大法学院、清华法学院、人大法学院、法大民商经济法学院、经贸大法学院、北京大学出版社等单位和个人发来的贺词、贺信中对中日民商法研究会活动评价和表扬，表示诚挚的感谢！

这个研究会的活动始于 2002 年，先后在中山大学法学院、山东大学法学院、复旦大学法学院、中南财经政法大学、南京大学法学院、东京大学社会科学研究所、辽宁大学法学院、海南大学法学院、烟台大学、黑龙江大学法学院、湖南大学法学院、西南政法大学、浙江大学光华法学院、北京理工大学珠海学院民商法律学院、四川大学法学院、福州大学法学院、云南大学法学院、中国海洋大学法学院、青岛大学法学院等单位的鼎力协助下，召开过 18 届、19 次国际研讨会，出版以研究会上学术报告和讨论为内容的《中日民商法研究》论文集 19 卷（其中有一卷是中日两种文字）。每年的研究会，会期为两天。一天是报告会，顾名思义，全天学术报告，采用同声传译形式；另一天是讨论会，采用交替传译形式，先是分民法部会、商法和法实务部会分别讨论，然后是综合讨论。研究会的论文集中不仅收录学术报告（论文），还要将讨论会中的内容详录其中，这是本研究会论文集的一个特色。

回顾过往，我们认为，这个研究会的活动之所以能坚持 20 年（尽管这两年因新冠疫情被迫间断），得益于各方面的大力支持、民商法学者和法实务界人士的积极参与。因此，我们需要感谢的人太多！

第一，在学者号召方面，中方，感谢梁慧星先生20年间坚持不懈作出的大量工作；日方，感谢已故星野英一先生、五十岚清先生、铃木禄弥先生三位法学泰斗！正是有这几位在研究会初创时带着我们起步，使我们的研究会活动走上了坦途。还要感谢著名民商法学者近江幸治教授、大村敦志教授、道垣内弘人教授、田泽元章教授、平野温郎教授等诸位的积极参与和为鼓励日方年轻学者参与所做出的大量工作。

第二，在研究会举办的场所以及会议服务方面，深深地感谢上述各个承办单位，没有它们的帮助以及所做的大量会务工作，就没有研究会这20年的活动。

第三，在对研究会活动资助方面，感谢北京市中伦律师事务所、北京市金杜律师事务所、日本司法书士会连合会多年以来的不间断资助；感谢日本国际交流基金会对本研究会的多次资助；感谢在研究会十周年活动中，日本驻华使馆以及日本五大律师事务所（新村朝日、TMI综合、森·滨田松本、长岛·大野·常松、アンダーソン·毛利·友常）以及各大学法学院给予的资助；还有多年来，在各地举办活动时，诸多地方律师事务所给予的资助等；恕不一一列举，一并感谢。资助的金额有多寡，但其为支持学术研究所贡献的情谊一样深！

第四，感谢在20年的活动中为研究会做过同声传译和交替传译的各位学者和专业翻译人员。只有高质量的翻译，才能保证高质量的国际学术交流，于这一点，中日民商法研究会很有自信地说，我们的翻译工作是高水平的！

第五，感谢法实务界人士的积极参与。感谢日本司法书士会连合会、北京市中伦律师事务所、北京市金杜律师事务所等各家中日律师事务所。

第六，感谢20年来为出版会议论文集《中日民商法研究》付出辛劳的法律出版社、北京大学出版社、台湾元照出版社。

第七，特别感谢宇田川幸则教授，20年来，一直作为日方秘书长，为研究会活动付出了大量心血！特别感谢田泽元章教授，20年来，基本全程参加研究会的活动,实在是难能可贵!

在此纪念研究会活动 20 周年之际,让我想起了两位学者在研究会上的致辞。一是,梁慧星先生在第一届研究会上曾经说:中国有 31 个省份,我们每年在一个省会级城市开这个研究会,渴望它能持续至少 31年,这个目标,我们至少已经实现了大半;二是,在研究会 10 周年庆典上由内田贵教授代读的星野英一先生的致辞中,有一句话,"创业难,守成更难!"现在,星野先生发出的谆谆告诫过去了 11 年,星野英一先生,以及参与研究会初创的法学泰斗五十岚清先生和铃木禄弥先生也都已驾鹤西去……

中日民商法研究会是一项不凡的事业,历史将完成这一事业的任务赋予了我们,我们有责任践行研究会的宗旨——为中日之间搭建民商法学和法实务的交流平台,为中日两国的法学发展、为中日两国人民的福祉,切切实实、毫无保留地贡献自己的绵薄之力!

自研究会 10 周年的时候开始,大村敦志教授和道垣内弘人教授就提出了研究会年轻化的设想,并为此做着不懈的努力。中方对此也做出了积极响应,这次研究会的所有活动组织安排,就是在日方秘书长宇田川幸则教授的指导下,由年轻的中方秘书长、两位副教授章程和龙俊负责完成的。我们有理由期待这个研究会后继有人,越办越好!

谢谢大家!

图书在版编目（CIP）数据

中日民商法研究．第 20 卷／渠涛主编．—北京：
中国法制出版社，2023.10
ISBN 978-7-5216-3923-0

Ⅰ.①中… Ⅱ.①渠… Ⅲ.①民法-对比研究-中国
、日本②商法-对比研究-中国、日本 Ⅳ.①D923.04
②D931.33

中国国家版本馆 CIP 数据核字（2023）第 198488 号

策划编辑：王 彧　　　　　责任编辑：王 悦　　　　　封面设计：李 宁

中日民商法研究．第 20 卷
ZHONG RI MINSHANGFA YANJIU. DI-20 JUAN

主编／渠涛
经销／新华书店
印刷／北京虎彩文化传播有限公司
开本/880 毫米×1230 毫米　32 开　　　　　　印张/ 6.25　字数/ 121 千
版次/2023 年 10 月第 1 版　　　　　　　　　2023 年 10 月第 1 次印刷

中国法制出版社出版
书号 ISBN 978-7-5216-3923-0　　　　　（19 卷、20 卷）总定价：108.00 元

北京市西城区西便门西里甲 16 号西便门办公区
邮政编码：100053　　　　　　　　　　传真：010-63141600
网址：http：//www. zgfzs. com　　　编辑部电话：010-63141830
市场营销部电话：010-63141612　　　印务部电话：010-63141606

（如有印装质量问题，请与本社印务部联系。）